Die

Freizügigkeits-Gesetzgebung

der

Schweiz

Von

Karl Braun.

Nach dem Original von 1864
herausgegeben von Hansjörg Walther.

Libera Media

2015

ISBN-13: 978-1515012986
ISBN-10: 1515012980

EINLEITUNG

Das Recht auf Freizügigkeit erscheint den meisten heute wenigstens für Staatsbürger als selbstverständlich. Für Deutschland genießt dieses Recht Verfassungsrang nach Artikel 11, Absatz 1 des Grundgesetzes („*Alle Deutschen genießen Freizügigkeit im ganzen Bundesgebiet.*"). Ähnlich sieht es in der Schweiz aus, wo Artikel 24 der Bundesverfassung jedem Schweizer Bürger seine Freizügigkeit garantiert.

Doch das war nicht immer so. Ginge man zweihundert Jahre in der Zeit zurück, so würde man sich sowohl in Deutschland als auch der Schweiz einem Zustand gegenübersehen, der einem heutzutage fast unerträglich erschiene. Deutschland war zu jener Zeit ein loser Bund von einundvierzig unabhängigen Staaten, der Deutsche Bund, die Schweiz ein ebenso loser Bund von zweiundzwanzig unabhängigen Kantonen. Weder gab es Freizügigkeit zwischen den deutschen Staaten noch zwischen den Kantonen der

Schweiz. Ja, es bestand größtenteils nicht einmal innere Freizügigkeit innerhalb der Staaten und Kantone. Für den einzelnen war es also nicht einmal selbstverständlich, daß er von einem Ort in den nächsten ziehen durfte. Vielmehr hing dies von oft recht willkürlichen Entscheidungen der lokalen Behörden ab.

Karl Braun[1] hat diese Enge und Gebundenheit der Kleinstaaterei sehr stark empfunden. Er wurde am 20. März 1822 in Hadamar bei Limburg an der Lahn geboren. Damit war er Untertan des Herzogs von Nassau, dessen Land 1806 durch Vereinigung von zwei kleinen Fürstentümern, Nassau-Usingen und Nassau-Dieburg, als einer der Vassallenstaaten Napoleons entstanden war. Auch nach der Vereinigung war das Land dabei immer noch einer der kleinsten Staaten des Deutschen Bundes. Zwischen Koblenz, Bingen und Frankfurt gelegen, umfaßte Nassau knapp fünftausend Quadratkilometer an Fläche und hatte weniger als eine halbe Million Einwohner. Es gab nur wenige Städte, von denen die Hauptstadt Wiesbaden mit etwa fünftausend Einwohnern die größte war. Ansonsten war das Land von der Landwirtschaft geprägt und im Vergleich etwa zur angrenzenden Freien Stadt Frankfurt recht arm.

---

[1] *Der volle Name lautet: Karl Joseph Wilhelm Braun, wobei die Schreibweisen in der Zeit stärker variieren, als wir es heute gewohnt sind. So schwankt sie etwa für den Rufnamen zwischen „Karl" und „Carl". Und vielfach wurde Karl Braun auch „Braun-Wiesbaden" genannt, ausgehend von einer parlamentarischen Usance, um Abgeordnete mit demselben Nachnamen durch Zusatz des Wahlkreises unterscheiden zu können.*

Einleitung

Das Herzogtum Nassau war auch zu klein, um sich eine eigene Universität leisten zu können. Da man aber beispielsweise für Gerichte und Verwaltung Juristen benötigte, gab es ein Abkommen mit dem Königreich Hannover, daß Nassauer Untertanen an der Universität Göttingen studieren durften, die damit nebenher auch als Nassauische Landesuniversität fungierte. Karl Braun studierte dort — nach Abitur 1840 und einem Jahr an der Universität Marburg — Rechtswissenschaften und Philologie. Anschließend trat er im Jahre 1843 in den nassauischen Staatsdienst ein.

Der Völkerfrühling des Jahres 1848 reißt auch Karl Braun mit. Wir sehen ihn nun als Redakteur der „Nassauischen Zeitung" und aktiven Teilnehmer der Umwälzung, etwa im „Demokratischen Verein Wiesbaden". Etwas später gehört er als Abgeordneter der Landstände, dem nassauischen Parlament, zum „Club der Linken".

Für Demokraten wie Karl Braun ist das Ziel ein deutscher Einheitsstaat, am besten als Republik. Aus ihrer Sicht haben die vielen kleinen Fürsten Deutschland zurückgehalten. Und nun soll mit dieser Kleinstaaterei und deren Rückständigkeit aufgeräumt werden. Ein Aspekt davon sind die vielen Grenzen zwischen und innerhalb der Staaten. In fortgeschritteneren Ländern wie Frankreich, Belgien, Großbritannien oder den Vereinigten Staaten von Amerika gibt es Freizügigkeit schon lange, und das will man nun auch in Deutschland haben.

In der Verfassung der Paulskirche vom 28. März 1849 heißt es dann auch in den Grundrechten (Abschnitt VI, Artikel I, § 133):

„Jeder Deutsche hat das Recht, an jedem Orte des Reichsgebietes seinen Aufenthalt und Wohnsitz zu nehmen, Liegenschaften jeder Art zu erwerben und darüber zu verfügen, jeden Nahrungszweig zu betreiben, das Gemeindebürgerrecht zu gewinnen. "

Während die Verfassung für die Deutschen nur auf dem Papier bleibt, sind die Schweizer erfolgreicher. Ihr Land wird von einem losen Staatenbund in einen Bundesstaat umgewandelt, der seinen Bürgern Grundrechte garantiert. Und in Artikel 41 der Bundesverfassung vom 12. September 1848 gehört dazu die Freizügigkeit, wenn auch mit gewissen Schönheitsfehlern. Diese gilt nämlich nur für Christen, nicht für Juden; eingebürgerte Ausländer müssen zunächst eine Wartezeit absolvieren, was sich vor allem gegen Zuwanderer aus Deutschland richtet.

In Deutschland wird die Revolution unterdrückt, und der Deutsche Bund mit seinem Universum von Kleinstaaten wiederhergestellt. Von Freizügigkeit kann keine Rede sein. Und für Teilnehmer der Revolution bedeutet die nun heraufziehende Reaktionszeit Zurücksetzungen, Schikanen und Verfolgungen. Wenn sie Glück haben, können sie sich ins Privatleben oder in unpolitische Aktivitäten zurückziehen. Karl Braun arbeitet nun als Anwalt am Oberappellationsgericht Wiesbaden, holt seine Promotion nach und widmet sich volkswirtschaftlichen Studien.

Einleitung

Mit der Regentschaft des Prinzen Wilhelm ab 1858 in Preußen setzt in Deutschland ein Tauwetter ein. Die Demokraten, die fast ein Jahrzehnt ausgeschaltet waren, können wieder in das öffentliche Leben eingreifen. Und auch Karl Braun entfaltet nun in verschiedene Richtungen eine eifrige Tätigkeit. 1858 wird er zum Präsidenten der Zweiten Nassauischen Kammer gewählt. Im selben Jahr ist er maßgeblich an der Gründung des Kongresses Deutscher Volkswirte beteiligt, dessen jährlichen Sitzungen er ab 1859 vorsitzen wird. Was wie eine rein wissenschaftliche Veranstaltung wirkt, hat auch eine politische Dimension. Viele der Teilnehmer sind zugleich Mitglieder des Nationalvereins, der Stimmung für eine deutsche Einigung macht und dafür von den Regierungen verfolgt wird; und auch mit der 1861 begründeten Deutschen Fortschrittspartei gibt es eine große Überlappung. Auf den Sitzungen des Kongresses werden Vorschläge für konkrete Reformen in Deutschland diskutiert, die dann publizistisch propagiert werden.

Ein wiederkehrendes Thema ist die Freizügigkeit, für welche sich besonders Karl Braun einsetzt. Bereits im Jahr 1859 erstattet er für eine Kommission des nassauischen Parlaments Bericht, die sich mit einem Gesetzentwurf zur Gewerbefreiheit und Freizügigkeit beschäftigt hat. Die Vorschläge stellt er 1860 in seinem Buch *„Für Gewerbefreiheit und Freizügigkeit durch ganz Deutschland"*[1] zusammen. Außerdem verabschiedet

---

[1] *Neu herausgegeben bei Libera Media.*

v

der Kongreß Deutscher Volkswirte im selben Jahr eine Resolution, die die volle Freizügigkeit verlangt.

Für die mit dem Kongreß verbundene Vierteljahrschrift für Volkswirtschaft und Culturgeschichte, herausgegeben von Julius Faucher, verfaßt Karl Braun 1863 dann einen längeren Aufsatz mit dem Titel *„Studien zur Freizügigkeit"*.[1] Kurz darauf wird das Thema erneut auf die Agenda des Kongresses Deutscher Volkswirte genommen[2], wobei Karl Braun neben Wilhelm Lette das Referat übernimmt. Die dem Kongreß vorgeschlagene Resolution geht sehr weit, und beschränkt sich nicht auf die Freizügigkeit nur für Deutsche. Vielmehr heißt es da gleich unter Punkt 1:

> *„Es soll Jedermann, welcher Gemeinde, welchem Lande oder welcher Nation er auch angehören mag, gestattet sein: an jedem Orte, wo er will, seinen Aufenthalt und Wohnsitz zu nehmen, auch jeden an sich erlaubten Nahrungszweig zu betreiben, sich zu verheirathen und eine Familie zu gründen, desgleichen Grundeigenthum zu erwerben."*

Und um jedes Mißverständnis über die Reichweite zu vermeiden, wird unter Punkt 2 dann noch einmal

---

[1] *Vgl. Vierteljahrschrift für Volkswirtschaft und Culturgeschichte, Erster Jahrgang 1863, Dritter Band, Seite 44 bis 85, Neuausgabe bei Libera Media.*

[2] *Die einschlägigen Passagen des Protokolls finden sich im Anhang dieses Buches, sie erschienen ursprünglich in der Vierteljahrschrift für Volkswirthschaft und Culturgeschichte, Jahrgang 1863, Dritter Band, Seite 261ff.*

explizit vermerkt, daß das Recht nicht auf Inländer beschränkt oder von der Gegenseitigkeit mit anderen Staaten abhängig sein soll. Die Resolution wird nach sehr kurzer Diskussion vom Kongreß angenommen.

Allerdings scheint Karl Braun um die Zeit etwas ratlos zu sein, wie die von ihm gewünschte Freizügigkeit Wirklichkeit werden könnte. Während andere Vorschläge des Kongresses Deutscher Volkswirte recht schnell von den Gesetzgebungen der deutschen Staaten aufgenommen worden sind, etwa bei der Gewerbefreiheit, hat sich seit der ersten Resolution von 1860 und trotz einiger publizistischer Tätigkeit[1] noch nicht viel bei der Freizügigkeit getan.

Was die Umsetzung so schwierig macht, ist die lose Struktur des Deutschen Bundes ohne wesentliche zentrale Kompetenzen und mit seinen vielen Staaten. Da sich die Schweiz bis 1848 in einer ganz ähnlichen Lage befunden hatte, studiert Karl Braun 1864 in der hier wiederveröffentlichen Untersuchung die Entwicklung

---

[1] *Als Neuausgabe bei Libera Media (http://libera-media.de) unter anderem folgende Schriften von Autoren aus dem Umfeld des Kongresses Deutscher Volkswirte:*

- *Friedrich Bitzer: Das Recht auf Armenunterstützung und die Freizügigkeit, 1863*
- *Wilhelm Lette: Die Freizügigkeit, das wichtigste Grundrecht für die arbeitenden Klassen, 1863*
- *Heinrich Hermann Rentzsch: Gewerbefreiheit und Freizügigkeit, 1864*

der „*Freizügigkeits-Gesetzgebung der Schweiz*"[1].

Eine der Schlußfolgerungen, die er aus dieser Betrachtung zieht, ist die, daß Fortschritte bei der Freizügigkeit erst von einem Bundes- oder Einheitsstaat zu erwarten seien. In der Schweiz herrschte Freizügigkeit in der Helvetischen Republik von 1798 bis 1803 mit ihrem Zentralismus nach französischem Vorbild, und dann wieder mit der Gründung des Bundesstaates 1848, jedoch nicht in der dazwischenliegenden Phase eines losen Staatenbundes.

Nur ist ein Bundesstaat für Deutschland 1864 nicht absehbar. Karl Brauns bester Vorschlag in der Lage ist von daher eine Regelung zur Freizügigkeit, bei der Einwanderer aus anderen Staaten nach einer Wartezeit von wenigen Jahren die Staats- und Gemeindebürgerschaft ihrer Niederlassung erwerben. Nur so lasse sich verhindern, daß sich die Staats- und Gemeindeangehörigkeit immer weiter von den tatsächlichen Lebensverhältnissen entferne und es zu Unstimmigkeiten zwischen den Staaten komme.

Womit Karl Braun wohl nicht rechnen kann, ist die Geschwindigkeit der weiteren Entwicklung. Österreich wird 1866 durch den Deutschen Krieg aus Deutschland hinausgedrängt. Und Preußen annektiert kurzerhand einige Klein- und Mittelstaaten, die sich auf die falsche Seite gestellt haben, so das Königreich

---

[1] *Vgl. Vierteljahrschrift für Volkswirtschaft und Culturgeschichte, Zweiter Jahrgang 1864, Erster Band, Seite 1 bis 27.*

Hannover, das Kurfürstentum Hessen, die Freie Stadt Frankfurt und auch das Herzogtum Nassau, das Heimatland von Karl Braun.

Darüber ist dieser alles andere als unglücklich. Endlich ist der ihm verhaßte Kleinstaat verschwunden, und es wird sogar die preußische Gesetzgebung zur inneren Freizügigkeit eingeführt, die unter denen der deutschen Staaten am weitesten geht. Es verwundert von daher nicht, daß der ehemalige Demokrat Karl Braun die Reichseinigung unter preußischer Führung begrüßt. Für ihn bedeutet sie eine Liberalisierung der überlebten Verhältnisse. Und wie für viele Liberale aus den Klein- und Mittelstaaten spielt die Erfahrung des Preußischen Verfassungskonflikts demgegenüber nur eine untergeordnete Rolle.[1] Es ist von daher naheliegend, daß er sich den Nationalliberalen anschließt, die für eine starke Zentralgewalt eintreten.

1867 wird der Norddeutsche Bund begründet und

---

[1] *Über Jahre hatte Bismarck in Preußen ohne Budget gewirtschaftet, was als Bruch der Verfassung von der Deutschen Fortschrittspartei bekämpft wurde. Von dieser spalten sich 1867 nach dem Sieg über Österreich die Nationalliberalen ab. Es geht dabei um die Frage der Indemnität, d. h. einer nachträglichen Entschuldigung für Bismarck. Während die Fortschrittspartei diese ablehnt, sind die Nationalliberalen dazu bereit. Ansonsten erklären sie, die Ziele der Deutschen Fortschrittspartei weiter zu vertreten. Die Unterschiede sind anfangs auch wirklich gering. Aber über die Zeit wandert die Nationalliberale Partei immer weiter nach rechts, bis sie 1887 in ein Kartell mit den konservativen Parteien eintritt.*

ein Konstituierender Reichstag gewählt. Diesem gehört Karl Braun für den Wahlkreis Wiesbaden an, ebenso wie dem später im Jahr gewählten ersten ordentlichen Reichstag. Die liberalen Parteien (Deutsche Fortschrittspartei, Freie Vereinigung und Nationalliberale) sind die dominierende Kraft, was sich auch in der Gesetzgebung bemerkbar macht: Binnen kurzer Zeit werden eine ganze Reihe liberaler Ziele verwirklicht, so etwa die Koalitionsfreiheit, die Gewerbefreiheit und die Gleichberechtigung der religiösen Bekenntnisse. Die Paß- und Visapflicht wird sowohl für In- als auch Ausländer abgeschafft. Und es kommt endlich die Freizügigkeit auf die Agenda. Nicht von ungefähr gehört Karl Braun der vom Reichstag eingesetzten Kommission an, für die er dann am 21. Oktober 1867 im Plenum berichtet. Empfohlen wird nichts weniger als die Einführung der Freizügigkeit im Norddeutschen Bund.

Die anschließende Debatte[1] fällt wenig kontrovers aus, und die Kritik — hauptsätzlich von Seiten der Deutschen Fortschrittspartei — richtet sich nicht gegen das Prinzip, sondern nur dagegen, daß man nicht noch weiter gehen will. Am 22. Oktober 1867 wird schließlich das „Gesetz über die Freizügigkeit" vom Reichstag fast einstimmig angenommen. Mit der Reichsgründung 1871 erweitert sich sein Geltungsbereich schon bald auf ganz Deutschland.

---

[1] *Zusammengestellt im Buch „Die Debatte über die Freizügigkeit" bei Libera Media.*

Einleitung

Die Durchsetzung der Freizügigkeit ist wohl einer der großen Erfolge dieser kurzen liberalen Ära. Und wenn ein Name damit verbunden sein sollte, dann ist es wohl der von Karl Braun.

Dieser hält Bismarck noch einige Zeit die Treue, solange der Kanzler an der liberalen Wirtschaftspolitik festzuhalten scheint. Mit dessen reaktionärer Wende ab Mitte der 1870er Jahre wachsen aber die Differenzen innerhalb der Nationalliberalen Partei, bis sie sich nicht mehr mit Formelkompromissen verbergen lassen. Der linke Flügel spaltet sich schließlich 1880 als „Liberale Vereinigung" ab. Diesen sogenannten „Sezessionisten" gehört auch Karl Braun an. 1884 kommt es zur Fusion der Liberalen Vereinigung mit der Deutschen Fortschrittspartei zur Deutsch-Freisinnigen Partei, für die Karl Braun bis 1887 dem Reichstag angehört. Im Jahr 1891 zieht er nach Freiburg im Breisgau, wo er am 14. Juli 1893 stirbt.

Die vorliegende Wiederveröffentlichung der Schrift von Karl Braun folgt dem Original. Dieses war in lateinischer Schrift gesetzt, wobei alle ‚ß' zu ‚ss' aufgelöst wurden. Diese auch in der Zeit eher ungewöhnliche Schreibweise wurde beibehalten. — Kursive Fußnoten stammen vom Herausgeber, nicht-kursive aus dem Original. In eckigen Klammern und mit kleinen Lettern ist die ursprüngliche Paginierung vermerkt, wobei im Fall von Trennungen zusätzliche Bindestriche nach der Seitenzahl eingefügt wurden.

DIE FREIZÜGIGKEITS-GESETZGEBUNG DER SCHWEIZ

Von

Dr. Carl Braun.

[1] Der letzte volkswirthschaftliche Kongress[1] hat die Freizügigkeitsfrage nicht bloss von ihrer wirthschaftlichen Seite betrachtet, sondern auch in ihrem Zusammenhang mit Gemeinde und Staat. Man hat letzteres für einen Uebergriff auf ein fremdes Gebiet erklärt. In einem gewissen Sinne ist die Richtigkeit dieses Einwandes zuzugeben. Der Uebergriff ist aber

---

[1] *Das ist der sechste Kongreß deutscher Volkswirte vom 14. bis zum 17. September 1863 in Dresden. Am zweiten Tag stand die Frage der Freizügigkeit auf der Tagesordnung. Berichterstatter für die eingesetzte Kommission waren Wilhelm Lette und Karl Braun, die für weitgehende Freizügigkeit plädierten. Die einschlägigen Passagen des Protokolls finden sich im Anhang zu diesem Buch.*

deshalb gerechtfertigt, weil Gemeinde und Staat selbst zuerst ihre Grenzen überschritten haben, indem sie das der wirthschaftlichen Freiheit zu überlassende Gebiet widernatürlich occupirten oder absperrten. Es handelt sich also gegenwärtig darum, diesen Uebergriff zurückzuweisen und die wirthschaftliche Bewegung in ihr natürliches Recht der Freiheit wieder einzusetzen. Desshalb ist es nothwendig, wenn man von der wirthschaftlichen Freizügigkeit spricht, auch von der bürgerlichen (kommunalen und politischen) zu sprechen. Denn die erstere wird wohl von Niemanden mehr im Prinzipe bestritten. Die Schwierigkeiten, welche ihr gemacht werden, kommen aus ihrem Zusammenhange mit korporativen, kommunalen und politischen Einrichtungen, welche noch zu sehr den Stempel des Feudal- und Polizeistaates tragen, um sich mit dem modernen Institut der Freizügigkeit vertragen zu können, — einem Institut, das nur da zu freier voller Ausbildung gelangt ist, wo feudale Einrichtungen nie bestanden haben, wie in Nordamerika, oder wo sie gänzlich abgeschafft sind, wie in Frankreich, oder wo man sie bis zur Unschädlichkeit modernisirt hat, wie in England.

Der primitive Staat, ursprünglich bloss ein gegen den äusseren Feind gerichtetes Schutz- und Trutzbündniss, liebt die Fremden nicht [2] und reagirt daher gegen die Freizügigkeit. Dieses wirthschaftliche Grundrecht muss auf einige Zeit verschwinden, um dem Staat Raum zu lassen zu seiner Gestaltung, auf so lange, bis derselbe sich zum Rechtsstaat entwickelt hat, der dann die Freizügigkeit sowohl für die inneren, als auch für die internationalen Beziehungen sanktionirt und unter seinen besonderen Schutz nimmt. Nicht allein der Staat (in seinem Ursprung und in seinem Mittelalter), sondern auch die einzelnen Theile desselben widerstreben dem freien Niederlassungsrecht, und zwar desto mehr, je kleiner diese einzelnen Abtheilungen, und je mehr sie (durch verkehrte Einrichtungen hinsichtlich der Armenpflege mit Ueberbürdung bedroht und beängstigt sind, und je grössere Autonomie sie gegenüber dem Gesammtorganismus besitzen.

Dies ist der Grund, warum die Durchführung der Freizügigkeit in einem Bundesstaat oder in einem Staatenbunde auf weit grössere Schwierigkeiten stösst, als in einem Einzelstaat. Während in dem letzteren die Feststellung und Anerkennung des Prinzips die Ausführung nothwendig mit sich führt, verwickeln sich in dem ersteren die gegenseitigen Rechte und Pflichten der einzelnen Bundesglieder, und es fehlt Anfangs eine zentrale Stelle, sei es eine Bundesregierung oder ein Bundesgericht, bei welcher der Einwohner eines der Bundesstaaten gegen die Regierung eines anderen Bundesstaates gegen Verletzung seiner politischen oder wirthschaftlichen Grundrechte Schutz und Hülfe findet.

In Deutschland macht die Freizügigkeit innerhalb der einzelnen Staaten fortwährend Fortschritte. Dagegen besteht keinerlei allgemeines Niederlassungs- oder Freizügigkeitsrecht für alle deutschen Staaten und alle deutschen Bürger, welches durch einen gemeinsamen Vertrag oder eine gemeinsame Verfassung konstituirt wäre; und es ist auch nicht eher an ein solches zu denken, als bis unsere deutsche Gesammtverfassung im Sinne grösserer Konzentrierung eine Weiterentwickelung gefunden hat. Allerdings sind die in den

Karl Braun

letzten fünf bis sechs Jahren erlassenen Gesetze der einzelnen Staaten hinsichtlich der Niederlassung von Ausländern und namentlich von „deutschen Ausländern" weit liberaler geworden, allein der hierdurch herbeigeführte Zustand ist noch sehr weit davon entfernt, der Herstellung eines einheitlichen Wirthschaftsgebietes für freie Zirkulation des lebenden Kapitals, der Arbeitskraft, auch nur nahe zu kommen, wie ich dies in den „Studien über Freizügigkeit"[1] in dem dritten Bande der Vierteljahrsschrift für 1863 nachzuweisen versucht habe.

Während wir nun diesem Ziele der freien Bewegung der mensch-[3]-lichen Arbeit von Ort zu Ort durch ganz Deutschland zustreben, wird es für unseren Zweck förderlich sein, einen Blick auf den Weg zu werfen, welchen andere *Föderativ*staaten zurücklegen mussten, um das Ziel, wenn nicht vollständig, doch wenigstens vollständiger, als bis jetzt wir, zu erreichen. Betrachten wir zunächst die Schweiz, ihre verschiedenen politischen Gestaltungen in dem letzten Jahrhundert, den Einfluss, welchen dieselben auf die interkantonale und auf die innere Freizügigkeit gehabt haben, und die Wechselwirkung zwischen beiden.

Die Schweiz schwankte in den letzten Jahrhunderten zwischen dem nur lose geknüpften Staatenbunde und dem zentralisirten Einheitsstaat, oder wenigstens dem

---

[1] *Vgl. Karl Braun: "Studien über Freizügigkeit" in: Vierteljahrschrift für Volkswirthschaft und Culturgeschichte, 1. Jahrgang, 3. Band, Seite 44 bis 85, 1863 (Neuausgabe:Libera Media 2015: http://libera-media.de).*

Bundesstaate, hin und her, bis sie in Folge einer kräftigeren inneren Entwickelung und unter der Gunst äusserer Umstände in er Verfassung vom 12. September 1848 einen Abschluss fand, welcher zwischen National-Souverainetät und Kantonal-Autonomie, zwischen Zetripetal- und Zentrifugalkraft die richtige Ausgleichung gefunden und dem Gemeinwesen Ruhe und Befriedigung gegeben zu haben scheint. Im vorigen Jahrhundert zeigte uns die Eidgenossenschaft eine lockere völkerrechtliche Vereinigung, welche nur durch mangelhafte Verträge, durch Erinnerung gemeinschaftlicher Kriege und einige noch vorhandene gemeinschaftliche Eroberungen nothdürftig zusammengehalten wurde. Selbst der Schweizer war, wenn er nicht dem Kanton angehörte ein „Ausländer" und stand darin jedem andern nicht schweizerischen Ausländer gleich. Er hatte die Stellung, welche gegenwärtig in Deutschland der „deutsche Ausländer" gegenüber den einzelnen deutschen Bundesstaaten hat. Freizügigkeit kannte man nicht. Kanton schloss sich gegen Kanton, Gemeinde gegen Gemeinde ab. Die ausnahmsweise gestattete Niederlassung war eine Ehrenbezeugung, eine Belohnung oder eine Gnadensache. Der Zugezogene musste sich einkaufen und zunächst ausserdem noch Kautionen und Bürgschaften für Wohlverhalten und gegen Verarmung stellen.

Indess war der Zustand der Eidgenossenschaft ähnlich dem des deutschen Reichs. Sie war innerlich bereits gebrochen, und es fehlte nur noch eines äusseren Anstoßes, um sie vollends umzuwerfen. Diesen erhielt sie durch die junge französische Republik. Unter deren Einfluss machte die Schweiz einen salto mortale. Die morsche, alte, verzopfte, zerklüftete, aristokratische Eidgenossenschaft verwandelte sich über Nacht in die junge, demokratische, „eine und untheilbare" helvetische Republik. *Die Verfassung vom 12. April 1798* proklamirte den [4] Einheitsstaat, das allgemeine schweizerische Staatsbürgerrecht und die vollständigste Freizügigkeit."

Der Sprung war zu gross, um zu gelingen. Ihm folgte ein erbitterter Kampf zwischen den Unionisten und Föderalisten. Ein Staatsstreich löste den andern ab, bis endlich der Frieden und die Vermittelungsantrag vom 9. Februar 1803 durch Napoleon von Paris aus dictirt wurde. Was für uns in Deutschland die Rheinbundsakte[1] war, das war für die Schweiz die Mediationsakte[2]. Beide erinnern an eine Zeit nationaler

---

[1] *Unter dem Druck von Napoleon traten am 12. Juli 1806 sechzehn Staaten aus dem Heiligen Römischen Reich Deutscher Nation aus und bildeten die Konföderation des Rheinbundes. Als "Protektor" fungierte der französische Kaiser. Zu den Gründungsmitgliedern gehörten dabei auch die beiden Fürstentümer Nassau-Usingen und Nassau-Weilburg, die 1806 zum Herzogtum Nassau, dem Heimatland von Karl Braun, vereinigt wurden.*

[2] *Von 1798 bis 1803 war die Schweiz als einheitliche Helvetische Republik nach französischem Vorbild organisiert. Mit der Mediationsakte, unterzeichnet am 19. Februar 1803 in Paris, wurden die Kantone — dreizehn alte und sechs neue —und die Schweizer Eidgenossenschaft wiederhergestellt. Die namensgebende Vermittlung lag darin, den Streit zwischen Unitariern und Föderalisten zu entschärfen, wie er etwa beim „Stecklikrieg", einem föderalistischen Aufstand in der Innerschweiz, im Herbst 1802 zu Tage getreten war.*

Erniedrigung, aber beide führten theils bleibende, theils vorübergehende wirthschaftliche Reformen mit sich, welche weder das deutsche Reich, noch die alte Eidgenossenschaft zu Wege gebracht haben würden.

Die Vermittlungsakte von 1803 liess den Einheitsstaat fallen und kehrte zum Föderalismus zurück. In Folge dessen gab sie auch das schweizerische Gesammtstaatsbürgerrecht auf, jedoch ohne gleichzeitig auch die Freiheit des Niederlassungsrechtes zu opfern. Sie schrieb in Artikel 4 vor, jeder Schweizerbürger solle die Befugniß haben, seinen Wohnsitz in jeden andern Kanton zu verlegen und daselbst nach Belieben sein Geschäft zu betreiben, („Faculté de transporter son domicile dans un autre canton et d'y exercer librement son industrie"[1]). Die Kantone wurden zwar für souverain erklärt, dabei jedoch gewisse Befugnisse der Tagsatzung[2] vorbehalten. Die Freiheit der Niederlassung wurde durch Abschaffung der Abzugsgelder ergänzt; es wurde ferner Freiheit des inneren Verkehrs (libre circulation) durch Abschaffung der Binnenzölle (mit Ausnahme der Weg- und Brückengelder, soweit sie zum Aufbringen der Unterhaltungskosten erforderlich seien), Münzeinheit u. s. w. dekretirt. Freilich ging es diesen Reformen zum Theil ebenso, wie neuerdings den

---

[1] *Fähigkeit, seinen Wohnsitz in einen anderen Kanton zu verlegen und dort sein Gewerbe frei auszuüben.*

[2] *Die Tagsatzung war vom späten Mittelalter bis 1798 und dann wieder von 1803 bis 1848 die Versammlung der Vertreter der Kantone. Sie hatte begrenzte legislative und exekutive Kompetenzen.*

Grundrechten in verschiedenen deutschen Ländern. Die betreffenden Prinzipien und allgemeinen Vorschriften stehen zwar in der Verfassung, allein in Ermangelung von Einführungs- oder Ausführungsgesetzen, bleibt es vorderhand noch bei den alten antediluvianischen[1] Verordnungen, welche das Gegentheil besagen; oder die letzteren sind sogar stark genug, um über die Vorschrift der Verfassung auch formell durch partielle Aufhebung oder Abänderung der letzteren zu siegen. Die „Münzeinheit" kam nicht zur Ausführung. Die Vorschrift, wonach nur die Eidgenossenschaft Handelsverträge mit fremden Mächten schliessen konnte, jeder Kanton seinen Zolltarif zur Genehmigung vorlegen musste, keine Binnenzölle mehr erhoben werden sollten, wurde durch einen Tagsatzungsbeschluss vom 15. September 1803 dahin abgeschwächt, dass die bisher bestandenen innern Abgaben fort-[5]-bestehen dürfen und nur zur Einführung neuer die Genehmigung der Tagsatzung eingeholt werden müsse. Noch weiter zurückgeschleudert von dem freihändlerischen Anlauf, den sie genommen, wurde die Schweiz durch die Konsequenzen der Kontinentalsperre[2], welcher sie sich in pflichtschuldigem Gehorsam

---

[1] *vorsintflutlichen.*

[2] *Mit der am 21. November 1806 in Berlin verfügten Kontinentalsperre versuchte Napoleon, Großbritannien in die Kniee zu zwingen. Den französisch beherrschten Staaten Europas war es danach untersagt, Waren aus dem Vereinigten Königreich einzuführen. Britische Händler wurden polizeilich verfolgt. Allerdings erwies sich die Umsetzung trotz großer Anstrengungen als schwierig, weil der Schmuggel aufblühte. Der Schaden für Großbritannien blieb begrenzt, während die kontinentalen*

gegen ihren Protektor und Mediator unterwarf. Auch über das in der Verfassung statuirte freie interkantonale Niederlassungsrecht siegte nach und nach wieder die partikularistische Reaktion des Kantönli-Geistes. Zunächst beschloss die Tagsatzung am 15. Juni 1805, dass Ausländer, welche durch Naturalisation[1] Bürger eines Schweizer Kantons geworden, erst nach Ablauf von zehn Jahren an dem freien Niederlassungsrecht theilnehmen können. Am 6. Juli 1805 erfolgte ein weiterer Beschluss, welcher für Ertheilung des Niederlassungsrechts folgende Erfordernisse aufstellte:

1. Besitz eines Heimathscheines,
2. Zahlung einer Gebühr,
3. Stellung einer Kaution von solchen, die nicht bereits Gemeindebürger waren,

und der weiter bestimmte, dass die auf diese Weise Zuziehenden weder an den politischen Rechten, noch an den Stiftungs-, Kommunal- und sonstigen Korporationsnutzungen Antheil, im Uebrigen aber gleiche Rechte und Lasten mit den andern Kantonsbürgern haben sollten. So wurde dann während der Herrschaft der Mediationsakte die durch dieselbe statuirte Freizügigkeit zum Theil wieder verkümmert, indem man die Erlangung des Niederlassungsrechtes erschwerte und den Inhalt desselben beschränkte. So lange man, wie es die Vermittelungsakte that, an dem Prinzip des Staaten-

---

Staaten unter dem Protektionismus litten. Die Kontinentalsperre bestand bis 1814.

[1] *Einbürgerung.*

bundes festhielt, war ein Gesammtstaatsbürgerrecht und eine darauf basirte volle interkantonale Freizügigkeit nicht wohl möglich. Immerhin war ein hoffnungsreicher Anfang zur Ausbildung dieses Theils der wirthschaftlichen Freiheit gemacht. Er wurde indess durch Tagsatzungsbeschlüsse verkümmert und endlich ganz und gar vernichtet, als im Jahre 1814 unter der Aegide von Oesterreich und Russland die Restaurationspolitik in der Schweiz die Oberhand gewann und in der von dem Wiener Kongress octroyirten *Bundesakte vom 7. August 1815*[1] ihren Abschluss fand. Letztere gleicht der deutschen Bundesakte[2], wie die Mediationsakte der

---

[1] *Der Bundesvertrag wurde am 9. September 1814 nach Intervention der Mächte verabschiedet, die Napoleon besiegt hatten, und trat am 7. August 1815 in Kraft. Er leitete die Zeit der Restauration ein und hatte bis 1848 Bestand. Die Schweiz wurde nun zu einem Staatenbund von zweiundzwanzig unabhängigen Kantonen. Die einzige Kompetenz des Bundes lag in der gemeinsamen äußeren Verteidigung.*

[2] *Die Deutsche Bundesakte wurde am 8. Juni 1815 auf dem Wiener Kongreß verabschiedet und zwei Tage später unterzeichnet. Durch sie wurde der Deutsche Bund als Staatenbund mit einundvierzig Mitgliedern begründet. Ähnlich wie beim Schweizer Bundesvertag beschränkte sich die Kompetenz des Bundes im Wesentlichen nur auf die äußere Verteidigung. Oberstes Organ war der von den Vertretern der Staaten gebildete Bundesrat mit Sitz in Frankfurt am Main. Im Zuge der März-Revolution wurde eine provisorische Zentralgewalt in Deutschland gebildet, an die der Deutsche Bund am 12. Juli 1848 seine Befugnisse übertrug und seine Tätigkeit damit einstellte. Nach der Niederschlagung der Revolution wurde er wiederbelebt und bestand bis zum Deutsche Krieg von 1866 weiter.*

Die Freizügigkeits-Gesetzgebung der Schweiz

Rheinbundsakte. Die von der Schweiz losgerissenen Theile wurden zwar wieder mit derselben vereinigt, dagegen im Innern ein gutes Stück Mittelalter, das man für immer beseitigt glaubte, wieder eingesetzt, freilich nur, damit nach drei und dreissig Jahren desto gründlicher damit [6] aufgeräumt werde. Die schweizerische Bundesakte von 1815 schweigt von dem freien Verkehr im Innern und von dem interkantonalen Niederlassungsrechte, dagegen garantirt sie den Fortbestand der Klöster und der bisherigen Binnenzölle, gerade so wie die deutsche Bundesakte von 1815 von der freien Zirkulation der Waaren und der Arbeitskräfte im Innern schweigt,[1] dagegen aber das Postmonopol des Fürsten von Thurn und Taxis und die Privilegien der Standesherren garantirt. Da die Verfassung von 1815 die absolute und unumschränkte Souverainetät der Kantone proklamirte, so konnte denselben auch eine Verpflichtung zur gegenseitigen Gewähr der Freizügigkeit nicht auferlegt werden. Was in einem Bundesstaat durch die Verfassung oder durch ein gemeinsames Gesetz ausführbar war, das konnte in einem lose gefügten Komplex souverainer Staaten, in einem Staatenbunde, wie es die Schweiz von 1815 bis 1848 war, nur auf dem Wege des Vertrages zwischen denjenigen Kantonen, welchen es beliebte, beizutreten, zu Stande gebracht werden. Solcher Verträge sind in der Schweiz,

---

[1] *Das ist nicht ganz korrekt. In Artikel XVIII der Bundesakte heißt es: „Vertraglich fixiert wird der Erwerb und Besitz von Eigentum an Grund und Boden für das gesamte Gebiet des Deutschen Bundes, so wie die freie Wahl des Wohnortes." Da der Deutsche Bund aber über keine Kompetenzen zur Durchsetzung verfügte, blieb diese Bestimmung nur auf dem Papier.*

während deren staatenbündlicher Periode bis 1848 vielerlei zu Stande gekommen. Sie führen den Namen „Konkordate" und sind meistens nur von einem Theile der Kantone abgeschlossen. Das Konkordat vom 10. Juli 1819, abgeschlossen von der Mehrzahl der Kantone (Anfangs 12, später 13) sucht einen gewissen Grad von Freizügigkeit wieder anzubahnen, indem es an den unter der Herrschaft der Vermittelungsakte von 1803 zu Stande gekommenen Tagsatzungsbeschluss vom 6. Juli 1805 anknüpft. An demselben nahmen nicht Theil die kleinen demokratischen Urkantone[1], die bis zur Zeit des Sonderbundes[2] hinab immer separatistische Tendenzen hatten, der in vornehmer freireichsstädtischer[3]

---

[1] *Unter dem Begriff der Urkantone werden Uri, Schwyz und Unterwalden verstanden, die 1291 die ursprüngliche Eidgenossenschaft begründeten. Karl Braun scheint aber, wie weiter unten erhellt, mit dem Begriff noch weitere zu meinen.*

[2] *Der Sonderbund war ein 1845 begründetes Verteidigungsbündnis der Kantone Luzern, Uri, Schwyz, Unterwalden, Zug, Freiburg und Wallis, die überwiegend katholisch und konservativ ausgerichtet waren. Er richtete sich gegen die Freischarenzüge, antiklerikale Aufständische. Die Auseinandersetzung eskalierte schließlich zum Sonderbundskrieg von 1847, bei dem der Sonderbund unterlag und aufgelöst wurde. Die Folge war die Umwandlung der Schweiz von einem Staatenbund in einen Bundesstaat mit der Bundesverfassung vom 12. September 1848.*

[3] *Basel war im strikten Sinne keine freie Reichsstadt, auch wenn die Stadt schon frühzeitig eine große Autonomie vom Bischof von Basel genoß, etwa bei der Besetzung wichtiger Ämter. Die Amtseinführung erfolgte jedoch formell auch weiterhin durch den Bischof.*

Abgeschlossenheit verharrende Kanton Basel und das wenig kultivirte, eigenthümliche und damals wenigstens der übrigen Schweiz noch ziemlich entfremdete Wallis. Das Konkordat von 1819 bestimmte, dass Angehörige der vertragschließenden Kantone das Recht zur Niederlassung beanspruchen können, wenn sie einen Heimathsschein ihres bisherigen Kantons beibringen und sich darüber ausweisen können, dass sie einen guten Leumund haben, „eigenen Rechts", d. h. im Besitze der Dispositionsfähigkeit und der bürgerlichen Ehre sind, und dass sie sich und die Ihrigen ernähren können; dem Kanton der neuen Niederlassung wird das Recht der Ausweisung beigelegt, wenn der Zuziehende sich unsittlich beträgt, oder wenn er verarmt und dem Zuzugskanton, d. h. der öffentlichen Armenpflege desselben, zur Last fällt. Gegenüber dem Bundesvertrag von 1815 lag in dem Konkordat von 1819 ein grosser Fortschritt. Das Erforderniß des Nach-[7]-weises der Fähigkeit, sich und die Seinigen ernähren zu können, zeigt aber noch immer die ganze Gespensterfurcht vor Armenhauskandidaten. Dieselbe ist freilich in einem von Natur armen Lande, das nur der thatkräftigen Initiative seines fleissigen und sparsamen Volkes und dem Mangel an störender und hemmender Einmischung der Regierung jenen Wohlstand verdankt, durch welchen es das an Verdummung und hierarchisch-aristokratisch-absolutistischem Regiment krankende Nachbarland Tyrol so weit hinter sich zurückgelassen hat, zwar nicht gerechtfertigt, aber doch entschuldbarer als sonstwo. Diese Furcht hat ihren Ausdruck gefunden sowohl in dem dem Zuzugskanton eingeräumten Recht, den Zugezogenen, wenn er verarmt, nach seinem Heimathkanton zurückzuschicken, als auch in der präventiven Vorschrift, dass der Zuziehende, ehe ihm das Niederlassungsrecht ertheilt wird, den bezeichneten Existenznachweis erbringen soll. Diesen Ausweis kann man am Besten, oder fast nicht anders erbringen, als dadurch, dass man die Probe an Ort und Stelle liefert. Jeder andere Nachweis lässt Raum für Zweifel. Denn der Gesundeste kann krank, der Fleissigste träge und der Reichste arm werden. Desshalb ist das repressive System besser, als das präventive.[1] Man lassen jeden ohne Nachweise herein. Denn ob jemand in Zukunft einmal der Verarmung verfällt, dass *[sic]* kann kein Sterblicher im Voraus wissen. Und man thue nur denjenigen hinaus, welcher wirklich der Armenunterstützung verfallen ist. Der eine Hauptmangel des Freizügigkeits-Konkordats besteht darin, dass es gegen diesen Grundsatz verstösst und neben der repressiven Remedur auch noch eine Präventivmassregel durch vorherige Prüfung der Existenzfähigkeit setzt. Der andere liegt in seiner Natur als völkerrechtlicher Vertrag, welche es mit sich bringt, dass keine gemeinschaftliche Behörde existirt, welcher dessen Handhabung anvertraut ist, oder welche Beschwerden wegen unrichtigen Vollzugs durch die Einzelregierungen entgegennimmt, prüft und entscheidet. Natürlich giebt es Differenzen zwischen den verschiedenen Kantonen. Der Zuzugscanton z. B. will den Mann nehmen, aber der Abzugskanton will ihm seine Papiere nicht ausfertigen. Oder der Abzugs- und Heimathskanton hat

---

[1] *Gemeint ist damit ein System, bei dem nur eingeschritten wird, wenn der betreffende Fall eingetreten ist, nicht schon vorauseilend, wenn er nur möglich oder wahrscheinlich erscheint.*

ihm die Papiere in bester Form ausgestellt; der Zuzugskanton aber macht von seiner persönlichen Freiheit Gebrauch und glaubt nicht, was darin steht; er weigert die Ertheilung des Niederlassungsrechtes. Bei solchen Differenzen entspinnt sich dann eine weitläufige Korrespondenz zwischen den Regierungen beider Kantone, welche indess in der Regel zu keinem Ergebnisse führt, weil jeder Theil auf seiner Meinung ver-[8]-harrt, und ein Dritter, der schlichten oder entscheiden könnte, nicht vorhanden ist. Ueber einen solchen Streit, der sich in die Länge spinnt, wird dann in der Regel das ursprüngliche Objekt, nämlich „der Mann, dem geholfen werden soll," aus dem Auge verloren; und man streitet nur noch um des Streitens willen. Es ist sehr zu fürchten, dass, wenn in Deutschland der Versuch gemacht würde, die Freizügigkeit auf dem Wege des Vertrages zwischen allen oder mehreren deutschen Bundesstaaten einzuführen, was allerdings bei der gegenwärtigen Bundesverfassung die nächstliegende Form wäre, sich in Ermangelung eines gemeinschaftlichen Vollziehungsorgans oder einer zentralen Rekursinstanz, ähnliche Schwierigkeiten ergeben würden. —— —

In der Schweiz nahmen seit dem Jahre 1830 die Dinge einen Lauf, welcher immer näher dem Ziele zuführte, an die Stelle des Staatenbundes den Bundesstaat zu setzen. Seit 1830 wurden nach und nach die Verfassungen der einzelnen Kantone umgestaltet, so dass die Gesammtstaatsverfassung von 1815 zu der der Einzelstaaten nicht mehr passte. In den Jahren 1832 und 1833 arbeitete man eifrig an einer Revision der Bundesakte von 1815. Das Jahr 1833 lieferte, wie das

Jahr 1848 in Deutschland, einen vollständigen Zentral-verfassungs-Entwurf, welcher in Artikel 30 auch Vorschriften über die interkantonale Freizügigkeit enthielt, jedoch mit Ausschluß derselben für Israeliten und naturalisirte Fremde (Nichtschweizer), für letztere während der ersten fünf Jahre. Der Widerstand der Einzel-Kantone brachte den Entwurf von 1833 zum Erliegen. Nun folgte der fünfzehnjährige Kampf zwischen der zentrifugalen und zentripetalen Richtung, welcher mit der Besiegung des Sonderbundes und der Erlassung der *Bundesverfassung vom 12. September 1848* endigte. Die letztere, deren Inhalt im Uebrigen als bekannt vorausgesetzt werden darf, hat auch in wirthschaftlichen Dingen, unbeschadet der sonstigen Autonomie der Kantone, gewisse Angelegenheiten von gesammtstaatlichem Interesse der Bundesregierung und der zentralen Repräsentation der Staaten und der Nation zugewiesen.

Dahin gehört die Handelspolitik und das Zollwesen (Aufhebung der Binnenzölle, Ablösung der kantonalen und kommunalen Weg- und Brückengelder), das Münz- und Postwesen (Strassenbau) und die interkantonale Freizügigkeit.

Ueber letztere schreibt der Artikel 41 der Verfassung vom 12. September 1848 Folgendes vor:

„Der Bund gewährleistet allen Schweizern, welche einer der [9] christlichen Konfessionen angehören, *das Recht der freien Niederlassung im ganzen Umfange der Eidgenossenschaft* nach folgenden näheren Bestimmungen:

Die Freizügigkeits-Gesetzgebung der Schweiz

§. 1. Keinem Schweizer, der einer der christlichen Konfessionen angehört, kann die Niederlassung in irgend einem Kanton verweigert werden, wenn er folgende Ausweisschriften besitzt:

a. einen Heimathschein oder eine andere gleichbedeutende Ausweisschrift;
b. ein Zeugniss sittlicher Aufführung;
c. eine Bescheinigung, dass er in bürgerlichen Rechten und Ehren stehe;

und wenn er sich auf Verlangen ausweisen kann, dass er durch Vermögen, Beruf oder Gewerbe sich und seine Familie zu ernähren im Stande sei.

Naturalisirte Schweizer müssen überdies die Bescheinigung beibringen, dass sie wenigstens fünf Jahre lang im Besitze eines Kantonsbürgerrechtes sich befinden.

§. 2. Der Niedergelassene darf von Seite des die Niederlassung gestattenden Kantons mit keiner Bürgschaft und mit keinen anderen besonderen Kosten behufs der Niederlassung belegt werden.

§. 3. Ein Bundesgesetz wird die Dauer der Niederlassungsbewilligung sowie das Maximum der zur Erlangung derselben an den Kanton zu entrichtenden Kanzleigebühren bestimmen.

§. 4. Der Niedergelassene geniesst alle Rechte der Bürger des Kantons, in welchem er sich niedergelassen hat, mit Ausnahme des Stimmrechtes in Gemeinde-angelegenheiten und des Mitantheils an Gemeinde- und Korporationsgütern. Insbesondere wird ihm freie Gewerbsausübung und das Recht der Erwerbung und Veräußerung von Liegenschaften zugesichert, nach Massgabe der Gesetze und Verordnungen des Kanntons, die in allen diesen Beziehungen den Niedergelassenen dem eigenen Bürger gleich halten sollen.

§. 5. Den Niedergelassenen anderer Kantone können von Seite der Gemeinden keine grösseren Leistungen an Gemeindelasten auferlegt werden, als den Niedergelassenen des eigenen Kantons.

§. 6. Der Niedergelassene kann aus dem Kanton, in welchem er niedergelassen ist, weggewiesen werden:

a. durch gerichtliches Strafurtheil;
b. durch Verfügung der Polizeibehörden, wenn er die bürgerlichen Rechte und Ehren verloren hat, oder sich eines unsittlichen [10] Lebenswandels schuldig macht, oder durch Verarmung zur Last fällt, oder schon oft wegen Uebertretung polizeilicher Vorschriften bestraft worden ist.‟

Zur Ergänzung dient der Artikel 42, welcher vorschreibt:

„Jeder Kantonsbürger ist Schweizerbürger. Als solcher kann er in eidgenössischen und kantonalen Angelegenheiten die politischen Rechte in jedem Kanton ausüben, in welchem er niedergelassen ist.

Er kann aber diese Rechte nur unter den nämlichen Bedingungen ausüben, wie die Bürger des Kantons und in Beziehung auf die kantonalen Angelegenheiten erst nach einem längeren Aufenthalte, dessen Dauer durch die Kantonalgesetzgebung bestimmt wird, jedoch nicht über zwei Jahre ausgedehnt werden darf.

Niemand darf in mehr als einem Kanton politische Rechte ausüben."

Die wesentlichsten Neuerungen der Bundesverfassung von 1848 bestehen darin, dass sie

1. ein *Gesammtstaatsbürgerrecht* konstituirt und einem jeden Kantone dieses Schweizer-Bürgerrecht verbunden mit der *interkantonalen Freizügigkeit* beilegt;
2. dass sie das wirthschaftlichere und politische Grundrecht der Freizügigkeit unter den Schutz der Bundesbehörden stellt.

Letzteres steht nicht ausdrücklich in dem Artikel 41, aber es ergiebt sich aus der Natur der Verfassung, welche einen Bundesstaat an die Stelle des Staatenbundes setzt. Während der völkerrechtlichen Natur des letzteren die Regelung dieser Angelegenheit auf dem Wege des Vertrages und die Austragung von Differenzen auf dem Wege der Korrespondenz zwischen den einzelnen Bundesregierungen entspricht, erfordert der Charakter des Bundesstaats die Wiederanknüpfung an das durch die Verfassung vom 12. April 1798 zuerst aufgestellte allgemeine schweizerische Staatsbürgerrecht, die Konstituirung desselben durch die Verfassung und den Schutz dieses verfassungsmäßigen Grundrechtes durch die Bundesbehörden. Denn der Artikel 2 der Bundesverfassung von 1848 führt ausdrücklich als Bundeszweck auf: *„Schutz der Freiheit und der Rechte der Eidgenossen* (d. i. der einzelnen Schweizer-Bürger) *und Beförderung ihrer gemeinsamen Wohlfahrt.* In diesem, dem einzelnen Bürger wegen Verletzung eines Grundrechtes zustehenden Rechte der Beschwerde oder des Rekurses gegen die Staatsregierung an die Bundesgewalt, (welchem z. B. auch [11] in der Verfassung der Vereinigten Staaten von Nordamerika vorgesehen ist, dort aber nicht an die Bundesregierung, sondern an die Bundesgerichte geht), liegt die wesentlichste Garantie der Freizügigkeit, eine Garantie, die bei einem blossen Staatenbunde, wie gegenwärtig Deutschland ist, nicht möglich wäre.[1] Wenn in der Schweiz eine Kantonsregierung den Vorschriften des §. 41 der Bundesverfassung von 1848 zuwider handelt, so ergreift der dadurch Benachtheiligte Rekurs an die Zentralregierung (den Bundesrath), und wenn er mit dessen Entscheidung nicht zufrieden ist, steht ihm noch der Weg der Beschwerde oder Petition an die Repräsentanten des Bundes zu, nämlich an den Ständerath und den Nationalrath, oder, wie es auf Amerikanisch heissen würde: an den Senat und das Repräsentantenhaus, oder auf deutsch: an das Staatenhaus und das

---

[1] Auch nach der alten deutschen Reichsverfassung konnte der Landesherr von seinen Unterthanen und Ständen bei dem Reichsgericht belangt werden und musste dort Recht nehmen. Leider pflegten aber solche Prozesse in Folge der deutschen Gründlichkeit Jahrhunderte lang zu dauern.

Die Freizügigkeits-Gesetzgebung der Schweiz

Volkshaus. Gerade durch diese Rekurse hat sich für die Schweizer Eidgenossenschaft eine gleichmässige, konstante und sich auf das ganze Bundesgebiet erstreckende Praxis in Bezug auf das Niederlassungsrecht ergeben, die sich wesentlich nach der wirthschaftlich-liberalen Seite hinneigt, während ohne eine solche Einrichtung ohne Zweifel der nachhaltige passive Widerstand einzelner Kantone, welcher den übrigen ein böses Beispiel gegeben und sie zu Repressalien verleitet haben würde, den Artikel 41 der Verfassung zu einem todten Stück Papier gemacht und die ganze Freizügigkeit lahm gelegt haben würde, wie sie es in der That war in der vorausgegangenen zwanzigjährigen Periode, trotz des Konkordats von 1819. Gegenüber solchen Thatsachen wird man schwerlich leugnen können, dass in einem Föderativ-Staat die Realisirung der Freizügigkeit, ähnlich wie die der übrigen wirthschaftlichen und politischen Grundrechte, wesentlich abhängig ist von dessen Fortentwickelung zum Bundesstaat. Denn nur in diesem steht die Bundesregierung und das Bundesgericht in unmittelbarer und direkter Berührung nicht nur mit den Territorial-, Kantonal- oder Staaten-Regierungen, sondern auch mit den Bürgern oder Unterthanen der letzteren. Die Möglichkeit oder vielmehr Gewissheit des Schutzes für die durch die Bundesgrundrechte verbürgte wirthschaftliche, bürgerliche und politische Selbstständigkeit und Unantastbarkeit der einzelnen Bundes- und Staatsbürger, auch gegenüber ihrer eigenen Territorial-Regierung, ist das charakteristische Kennzeichen des Bundes-[12]-staats und des durch diesen verbürgten Gesammtstaats- oder Bundesbürgerrechts. Der Bundesstaat hat in der Zentral-Regierung und Zentral-Volksvertretung ein Organ, das zur Durchführung auch der wirthschaftlichen Bedürfnisse der Nation und zur Beseitigung der Hindernisse, welche ihrer ökonomischen Entwickelung durch überkommene Vorurtheile und veraltete Einrichtungen bereitet werden, nicht entbehrt und durch eine Gesandten-Konferenz, wie es der deutsche Bundestag ist, oder eine andere Versammlung wesentlich völkerrechtlichen Charakters, wie es die Schweizer Tagsatzung anfänglich war, selbst beim besten Willen der Mitglieder derselben, unmöglich ersetzt werden kann. Dies ist eine Wahrheit, welche uns die gegenwärtigen wirthschaftlichen Zustände Deutschlands oft genug in die Erinnerung rufen, die uns die Geschichte der Schweiz bestätigt und die wir nie vergessen sollten.

Die Rekursinstanz an die Bundesregierung, die Verpflichtung der Einzelstaaten den Beschlüssen der Bundesregierung Folge zu leisten, das ist der wesentlichste Fortschritt, den die Freizügigkeit durch die Bundesverfassung von 1848 gegenüber dem Konkordat von 1819 gemacht hat. Die in einem heissen fünfzehnjährigen Ringen endlich zu Stande gebrachte Verfassung von 1848 hat, als aus dem eigenen Geist und den eigenen Bedürfnissen der Schweizer Eidgenossenschaft hervorgegangen, diese Frage, gleich so mancher andern, gelöst, während die von Wien aus aufgedrungene Verfassung von *1815* dieselben einfach ignorirt und die von *Paris* aus oktroyirte Mediations-Akte von *1803* sie zwar zu lösen versucht hat, aber ohne Erfolg.

Die Freizügigkeits-Gesetzgebung der Schweiz

Vergessen wir neben dieser Stärke der Reform von 1848 nicht ihre Halbheiten und Schwächen, die zum grössten Theil ihren Grund haben in dem Widerstreben des Kantönli-Geistes und der mittelalterlichen Traditionen gegen die Idee des modernen einheitlichen Rechtsstaates. Wir müssen bei dieser Gelegenheit nebenbei einen Irrthum berichtigen, der in vielen deutschen Köpfen grassirt und sich namentlich bei Gelegenheit des letzten Schweizer Bundesschiessens in Chaux de Fonds[1] kund gab in etwas allzu naiven und enthusiastischen Reden unserer deutschen Landleute, die übersprudelten von Bewunderung der Schweizer Zustände, als wenn dort seit 1848 das goldene Zeitalter angebrochen und in wirthschaftlicher, wie in politischer Beziehung alle Berge geebnet seien. Die Wahrheit ist die, dass in der Schweiz noch recht lebhaft der Kampf hin- und herwogt zwischen den separatistischen und reaktionären Tendenzen des zentrifugalen Kantönli-Geistes [13] und dem Drang nach ächt menschlicher und politischer Freiheit und Einheit. Wie die Verfassung von 1848 nur mit 15 ½ gegen 6 ½ Stimmen, (letztere waren die von vier Urkantonen und die von Appenzell-Innerrhoden, Wallis und Tessin) angenommen wurde, so regt sich auch jetzt noch bei jedem Schritte der wirthschaftlichen oder politischen Reform ein heftig

---

[1] *Das Schweizer Bundesschießen fand am 10. Juli 1863 in La Chaux de Fonds im Kanton Neuenburg statt. Eingeladen waren dazu auch deutsche Schützen, nachdem sich 1100 Schützen aus der Schweiz am Deutschen Bundesschießen 1862 in Frankfurt am Main beteiligt hatten. Vgl. hierzu: Wilhelm Jungermann: Der deutsche Schützenzug nach La Chaux de Fonds, in: Die Gartenlaube, Heft 32, 1863 (Volltext verfügbar bei Wikisource).*

reagirender Partikularismus, der öfters sogar zu putschen droht und sogar in vielleicht nicht zu ferner Zukunft wirklich einmal putscht. So stiess die Bundes-regierung wiederholt auf Widerstand in der Aargauer Judenfrage[1], in den Eisenbahn-Angelegenheiten, in der Frage der Alpenstrassen. Sie hat gerade in volkswirth-schaftlichen Fragen es öfters erfahren, dass man, wie die Maurer am Tempel, in der einen Hand die Kelle und in der andern das Schwert führen muss, oder wie es der an Jahren alte, an Muth frische schweizerische Ab-geordnete Stockmar[2] ausdrückt, „dass die repräsen-

---

[1] *Der Große Rat des Kantons verabschiedete am 15. Mai 1862 ein „Gesetz über Organisation der israelistischen Gemeinden", das unter anderem auch Beschränkungen bei die Niederlassung für Juden aufhob. Hiergegen kam es zu Protesten unter Führung des ultramontanen Publizisten Johann Nepomuk Schleuninger („Mannli-Sturm"). Das Gesetz wurde daraufhin bei einer Volks-abstimmung in völlig veränderter Form angenommen. Die jüdi-schen Gemeinden von Endingen und Lengnau erhoben dagegen an den Bundesrat Beschwerde wegen Verletzung ihrer ver-fassungsmäßigen Rechte, welchem der Bundesrat Recht gab und den Kanton Aargau zur Durchsetzung der Gleichberech-tigung anhielt. Vgl. hierzu Meyer Kayserling: Zur Judenfrage im Aargau, in: Monatsschrift für Geschichte und Wissenschaft des Judentums, Jahrgang 1863, Heft 5, Seite 177ff. (Digitalisat ver-fügbar über die Website von Compact Memory.) Karl Braun benutzt den Begriff „Judenfrage" ohne die späteren Kon-notationen so, wie er in der Zeit verstanden wird, nämlich als die Frage, wie die Juden emanzipiert werden können.*

[2] *Xavier Stockmar (1797-1864), liberaler Politiker aus dem Jura, Mitglied des Berner Regierungsrates und später des National-rats.*

tativen Regierungen keine Zelte zum Schlafen sind, sondern Werkstätten, welche die unermüdliche Sorge Derjenigen verlangen, die das Schicksal und die Zukunft des Vaterlandes in ihren Händen tragen."

Nach Artikel 23 und 32 der Verfassung soll das Zollwesen in den Händen der Bundesbehörde centralisirt, der Zoll an die Grenze des eidgenössischen Gebiets verlegt und im Innern vollständig freier Verkehr der Waaren sein. Trotzdem besteht unter dem Titel „Ohmgeld"[1] in verschiedenen Kantonen noch ein binnenländischer Grenzzoll, der den Verkehr im Innern und den Abschluss von Handelsverträgen nach Aussen auf das äusserste erschwert und dessen Aufhebung (ja sogar Ablösung) sich die interessirten Kantone auf das Aeusserste widersetzen. Der Kanton Schwyz z. B. erhält gegenwärtig eine sehr beträchtliche Subvention für Erbauung der wichtigen Axenstrasse längs des Vierwaldstädter-Sees (von Brunnen nach Flüelen u. s. w.) aus der Kasse der Eidgenossenschaft, aber wir haben noch kürzlich in Brunnen die heftigsten Philippiken mit angehört gegen diese Strasse und gegen die Subvention, verbunden mit Befürwortung der Erhaltung des „Ohmgeldes," das zwar den Verkehr hemmt, aber dem Kanton Schwyz das Mittel bietet,

---

[1] *Als Ohmgeld (auch Ungeld oder Umgeld) wurde seit dem Mittelalter eine indirekte Steuer bezeichnet, die auf Güter des täglichen Bedarfs anfiel. Diese wurde je nachdem an den Stadttoren (oder an den Kantonsgrenzen) erhoben, womit sie effektiv einem Zoll gleichkam. Die Vorsilbe „un-„ bezeichnet hierbei keine Verneinung, sondern eine Verstärkung, wie etwa auch in ähnlichen Bildungen, z. B. „Unmengen".*

seine Staatsbedürfnisse auf Kosten der andern Kantone zu befriedigen.

Wir in Deutschland dürfen darüber nicht allzusehr die Nase rümpfen, denn dergleichen Dinge sind bei uns noch viel häufiger. Man vergleiche die Flusszölle, die Mecklenburger Durchgangszölle, die Uebergangsabgaben u. s. w. Leider haben wir in Ermangelung einer politischen und wirthschaftlichen Zentralbehörde und gemeinsamen Re-[14]-präsentation noch keinen Kampfplatz, auf welchem Licht und Wind gleich vertheilt sind. Die Schweizer haben ihre Verfassung von 1848. Gleichwohl schwebt dort der Kampf gegenwärtig noch, und das goldene Zeitalter ist auch dort noch nicht angebrochen. — —

Der Artikel 41 beschränkt die Freizügigkeit auf die Mitglieder der „christlichen Konfessionen," eine unbegreifliche Engherzigkeit der liberalen Schweiz, welche jeden Sommer viele Pausende von Touristen auf ihrem Gebiet, umherstreifen lässt, ohne sie nach ihrem Glauben zu fragen, und welche von dem Kapital, das sie importiren, stets den Spruch „non olet"[1] gelten liess, mochte es aus Händen kommen, woraus es wollte. Man hat mit dieser Vorschrift einem traditionellen Judenhass und den eigenthümlichen Institutionen einiger Kantone, wie man das nennt, „Rechnung getragen." Der Augenblick, wo diese spezifisch schweizerische Schwäche[2] gegenüber dem gesammteuropäischen

---

[1] *Es stinkt nicht.*

[2] *Allerdings war die völlige rechtliche Gleichberechtigung der*

Kulturbewusstsein ihre Zurechtweisung finden soll, ist bereits gekommen. Die Schweiz findet den ihr angebotenen Handelsvertrag mit Frankreich vortheilhaft und wünscht eifrig dessen Abschluss. Allein Frankreich besteht auf Annahme der Vorschrift, welche auch in dem Artikel 24 des deutsch-französischen Handelsvertrages enthalten ist, — dass die beiderseitigen Unterthanen der vertragschliessenden Theile in jedem der beiderseitigen Gebiete in Bezug auf Handel, Gewerbebetrieb, Erwerbung von Grundeigenthum, Niederlassung u. s. w. mit den Inländern gleichberechtigt und völlig unbehindert sein sollen.[1] Bei Aufrechterhaltung des Artikel 41 der Verfassung von 1848, welcher die Freizügigkeit auf „*Christen*" beschränkt, würde nun der seltsame Fall eintreten, dass in der Schweiz französische Juden oder auch französische Muhamedaner, deren es ja in Algier u. s. w. giebt, grössere Rechte hätten, als die israelitischen Schweizerbürger selbst. So passt denn der Vorbehalt des Artikel 41 nicht mehr in das System der modernen Handelsverträge und er wird wahrscheinlich,

---

Juden auch in Deutschland zu der Zeit noch nicht so weit fortgeschritten. Baden ging 1862 damit voran, 1864 folgte die Freie Stadt Frankfurt. Erst 1869 werden die letzten Beschränkungen mit dem „Gesetz, betreffend die Gleichberechtigung der Konfessionen in bürgerlicher und staatsbürgerlicher Beziehung" im Norddeutschen Bund und dann 1871 in ganz Deutschland abgeschafft, so etwa noch bestehende Niederlassungsbeschränkungen in Mecklenburg-Schwerin und Mecklenburg-Strelitz.

[1] *Aufgrund derartiger Klauseln auch in anderen Handelsverträgen gab es in den folgenden Jahrzehnten fast vollständig offene Grenzen in Europa. Einwanderung nach Großbritannien, Frankreich oder Belgien war auch vorher schon leicht möglich.*

wofür sich auch bereits Stimmen in der Bundesversammlung erhoben haben, binnen Kurzem fallen müssen.[1] Ein Handelsvertrag mit einer nicht christlichen (z. B. mit einer orientalischen) Macht wäre bei dem Fortbestande dieser Klausel ganz unmöglich.

Der Artikel 41 regelt mit ausdrücklichen Worten *nur* die *interkantonale* Freizügigkeit. Er hat aber insofern, als die Kantonalangehörigen hinsichtlich der verschiedenen Gemeinde- und Niederlassungsorte ihres eigenen Kantons nicht geringere Rechte haben können, als die Schweizer aus anderen Kantonen, die *innere* kantonale Freizü-[15]-gigkeit zu seiner nothwendigen Voraussetzung, und statuirt, insofern die Kantonsbürger und die Schweizerbürger aus anderen Kantonen einander gleichstehen sollen, für die innere Gesetzgebung der Einzel-Kantone ein grundrechtliches Minimum der freien Niederlassungsbefugniss, das wohl überschritten werden, aber nicht unerfüllt, bleiben darf.

Wie bezüglich der Juden, so ist auch zu Ungunsten derjenigen, welche nicht Schweizer von Geburt, sondern es erst durch Naturalisation geworden sind, ein Vorbehalt in dem Artikel 41 gemacht. Diese erlangen das eidgenössische Recht der Freizügigkeit erst *fünf* Jahre (früher zwanzig) nach Erwerbung des Kantonalbürgerrechtes. Diese Vorschrift ist ein Ausfluss der Abneigung und des Misstrauens gegen die Einwanderer,

---

[1] *Karl Braun behielt Recht: In der Schweiz wurde die Niederlassungsfreiheit für Juden mit der Teilrevision der Verfassung von 1866 in allen Kantonen eingeführt, außer im Kanton Aargau, wo sie erst 1879 in Kraft trat.*

namentlich gegen deutsche Einwanderer. Glücklicher Weise ist indess auch dieses Vorurtheil im Schwinden begriffen; und in der That hätte die Schweiz z. B. alle Ursache, den deutschen Regierungen sehr dankbar zu sein, dass sie durch die Schwierigkeiten, welche ein Theil derselben der Wissenschaft und ihren Vertretern bereitet, den schweizer Hochschulen Gelegenheit gaben, so ausgezeichnete Lehrkräfte gegen verhältniss-mässig sehr geringe Aufwendungen zu akquiriren.

Ein Gesetzentwurf wegen der Rechtsverhältnisse der Niedergelassenen, welcher auch die Frage über die Niederlassung von Ausländern (Nichtschweizern) und Juden behandelte, wurde auf der letzten Bundes-versammlung von der Bundesregierung eingebracht und von Kommissionen zur Annahme empfohlen. Er be-absichtigte, die bestehende Bundes-Gesetzgebung im liberalen Sinne weiter zu führen und Lücken derselben auszufüllen; allein da er wirklich oder scheinbar in Ver-wickelungen und Widersprüche mit den Einrichtungen einzelner Kantone gerieth und von manchen Seiten als ein Uebergriff in die Kantonal-Legislative angesehen wurde, verwarf ihn die Majorität der Bundesver-sammlung. Es ist übrigens zu erwarten, dass der Bundesrath den Gegenstand nicht fallen lässt, sondern der aus Neuwahlen hervorgegangenen Bundesver-sammlung, welche am 7. Dezember 1863 eröffnet worden ist, eine neue, etwas modifizirte Verlage über diesen Gegenstand machen wird. Gleich in der ersten Sitzung des Nationalrathes (Dezember 1863) wurde schon der Wunsch nach einer solchen laut und durch Bezugnahme auf den Handelsvertrag mit Frankreich, dessen Zustandekommen durch eine solche Reform befördert werde, motivirt. In Erwartung dieses weiteren Schrittes müssen wir uns einstweilen noch mit der Freizügigkeit begnügen, [16] welche der Artikel 41 der Verfassung gewährt und die Praxis der Bundesbehörden in liberalem Sinne ausgebildet hat. Betrachten wir daher dieselbe noch etwas näher.

Den Umfang der Rechte des Niedergelassenen regelt der § 4 des genannten Artikels. Sie sollen für den aus dem anderen Kanton Zugezogenen nicht geringer sein, als für die Angehörigen des Kantons selbst. Um sie zu geniessen, muss aber die Niederlassung für den betreffenden Ort ausdrücklich nachgesucht und das Recht dazu förmlich ertheilt sein. Diejenigen, welche ein solches formelles Recht nicht erworben haben, gelten nicht als *„Niedergelassene,“* sondern als „Aufenthalter". Ihre interkantonalen Rechte sind nicht gewährleistet und stehen nicht unter dem Schutze der Bundesbehörden. Dies hat der Bundesrath ausdrücklich erklärt auf eine Beschwerde von Gesellen und Arbeitern aus andern Kantonen, welche sich lediglich auf Grund eines „permis de séjour"[1] im Kanton Waadt aufhielten. Er beschied sie dahin, dass die Regelung ihrer Verhältnisse Kantonalsache sei, und dass wenn sie solche unter den Schutz des Artikels 41 stellen wollten, sie statt Aufenthalts- formelle Niederlassungserlaubniss erwirken müssten; im Uebrigen könnten sie als blosse „Aufenthalter" nur dann den Bundesrath angehen, wenn es sich um Verletzung allgemein konstitutioneller Rechte handele, was nicht der Fall sei.

---

[1] *Aufenthaltsgenehmigung.*

Was nun die Niedergelassenen aus andern Bundesstaaten anlangt, so kommt bei ihnen in Betracht: 1. das Recht zum *Erwerb von Grundeigenthum und zum Gewerbebetrieb*, 2. *die politischen Rechte*, 3. die Verpflichtung zum *Steuerzahlen* und 4. die *Konskription*. Diese vier Punkte sind es, welche in einem Bundesstaat oder Staatenbund der konsequenten Durchführung der Freizügigkeit Schwierigkeiten zu bereiten pflegen. Da die Schweiz so glücklich ist, keine Konskription (wie solche Ende des vorigen Jahrhunderts in Frankreich erfunden und auf die meisten kontinentalen Staaten übertragen worden ist,) zu besitzen, und ihr Miliz-System die Freizügigkeit nicht erschwert, so können wir diesen Punkt mit Stillschweigen übergehen. Erwähnen wollen wir nur beiläufig, dass wenn ein Niedergelassener wegen Vermögens- oder Kreditlosigkeit ausser Stande ist, sich die zur Erfüllung der Wehrpflicht erforderlichen Effekten anzuschaffen, es so angesehen wird, als sei er wegen Verarmung der öffentlichen Wohlthätigkeit anheimgefallen, und daher die Niederlassungsgemeinde in diesem Falle das Recht hat, ihn in die Heimathsgemeinde zurückzuverweisen.

Das *Recht zum Erwerb von Grundeigenthum* steht ohnedies, auch [17] abgesehen von dem Artikel 41, jedem Schweizer in jedem Kanton, auch wenn er nicht da sich aufhält oder wohnt, grundsätzlich zu. Es wird daher mit Unrecht als ein besonderer Ausfluss des Niederlassungsrechtes bezeichnet.

Was das *Recht zum Geschäftsbetrieb* anlangt, so ist der Artikel 41 noch weit davon entfernt, grundrechtliche und generelle Gewerbefreiheit anzuordnen. Er verfügt nur, dass Schweizer, welche in einem andern Kanton, als dem ihrer Heimath, Niederlassung genommen haben, dort den Angehörigen dieses Kantons selber *gleichgehalten* werden müssen. Dies schliesst jedoch nicht aus, dass, wie dies in der That in den meisten Kantonen der Schweiz der Fall ist, für die sog. gelehrten Berufsklassen (wie Privatlehrer, Aerzte, Chirurgen u. s. w.), *Prüfungen*, für andere Geschäfte, wie Wirthschaftsbetrieb, Fleischverkauf, Schauspielunternehmungen u. dgl. *Konzessionen* vorgeschrieben sind, und dass in einigen Kantonen zum Betrieb eines selbstständigen Geschäfts überhaupt das generelle Erforderniss der Grossjährigkeit verlangt wird. Alles das verstösst nicht gegen den Artikel 41, vorausgesetzt, dass man diese Vorschriften gleichmässig auf Kantonsangehörige, wie auf nicht kantonsangehörige Niedergelassene anwendet. Die Kantonalgesetzgebung hat sogar das Recht Schweizern, die ausserhalb wohnen und im Kanton keine Niederlassung erworben haben, gewisse Berufsarten zu untersagen und sie dadurch, wenn sie diese ausüben wollen, zu zwingen, das Aufenthaltsrecht zu erwirken und sich den damit verbundenen Lasten und Abgaben zu unterziehen. So hat man z. B. Handlungsbediensteten mit festem Gehalt und bleibender Anstellung die Niederlassung zur Pflicht gemacht, um sie zu den Kantonal- und Kommunalabgaben heranzuziehen. Dagegen kann von Verfassungs- und Bundeswegen nichts erinnert werden. Es ist innere Angelegenheit und unterliegt der Autonomie des Kantons. Es ist aber bundesrechtlich nicht erlaubt, besonderen Berufsklassen die Niederlassung zu untersagen. Im Kanton Genf z. B. wollte man, wie es scheint zu Wahlzwecken, das Niederlassungsrecht des Artikel 41 den Dienstboten entziehen, weil sie nicht selbstständig seien. Hiergegen schritt der Bundesrath ein. Die Kantonalgesetzgebung kann sonach einer bestimmten Berufsklasse das Recht des Aufenthalts nicht entziehen, wohl aber ihr unter Umständen die Pflicht zur Erwerbung der Aufenthaltsbefugniss als Erforderniss zum Geschäftsbetrieb auferlegen.

Was die Besteuerung anlangt, so werden die Niedergelassenen sowohl zu den Kantonal-, wie zu den Gemeindesteuern angezogen. Die [18] Verfassung verbietet nur, dass dies bei ihnen in einem *höheren* Maasse geschehe, als bei den Angehörigen des nämlichen Kantons, welche in einer andern Gemeinde sitzen. Zur Ausgleichung sollten dagegen von Rechts wegen die Niedergelassenen, während sie in dem neuen Wohnorte zahlen, von den Steuern ihrer Heimath befreit sein. Denn es ist unrecht, dieselbe Person, denselben Besitz oder dasselbe Einkommen in einem und dem nämlichen Staate (wenn auch in zwei Unterabtheilungen desselben, d. h. hier in zwei Kantonen) doppelt zu besteuern. Es existirt jedoch ein ausdrückliches bundesrechtliches Verbot einer solchen doppelten Besteuerung nicht; und es hat daher an Fällen nicht gefehlt, in welchen der Heimathskanton seine Angehörigen mit Steueranforderungen, namentlich mit der Armensteuer, bis in den Niederlassungskanton verfolgte, und, da der letztere sich der Leute bei der Bundesbehörde annahm, es zu Besteuerungs- und Kompetenz-Konflikten kam, welche bei den in der Gesetzgebung vorhandenen Lücken schwerlich anders, als auf legislativem Wege, befriedigend und definitiv ausgetragen werden können.

Einer dieser Fälle nahm folgenden Verlauf: der Kanton Thurgau verfolgte Kantonsbürger, welche sich in St. Gallen niedergelassen hatten, mit Reklamationen von Armensteuern. Die Niedergelassenen weigerten die Entrichtung, weil sie nicht mehr in Thurgau, sondern in St. Gallen wohnten und dort auch während der in Rede stehenden Zeit ihre Steuern bezahlt hatten. Die St. Galler Regierung verweigerte die Beitreibung der Steuer und verwies die Entscheidung der Streitfrage an die St. Galler Gerichte. Thurgau beschwerte sich bei dem Bundesrath und reklamirte die alleinige Kompetenz zur Entscheidung der Frage für die Thurgauer Behörden. Der Bundesrath entschied für die Zuständigkeit von Thurgau. Die Bundesversammlung aber, an welche Beschwerde ergriffen wurde, berief sich darauf, dass *persönliche* Forderungen nach Artikel 47 der Verfassung nur an dem *Wohnort* (nicht bei dem Gericht der *Heimath*[1]) eingeklagt werden können; man könne daher den St. Galler Behörden nicht zumuthen, eine ausserkantonliche Steueranforderung gegen in St. Gallen wohnhafte Personen ohne Weiteres zu vollstrecken. So blieb denn die Sache in der Schwebe. Die St. Galler vollstreckten nicht, und die Thurgauer behielten sich wahrscheinlich im Stillen vor, eine günstige Gelegenheit, wie Rückkehr nach Thurgau oder dgl., abzuwarten, um zu ihrem Gelde zu kommen. In neuerer Zeit aber soll der Bundesrath in einem Falle,

---

[1] *Die „Heimat" ist die Gemeinde, der der Betreffende angehört, meist durch Geburt. Durch Umzug verliert er diese Angehörigkeit nicht und erwirbt auch nicht automatisch die des Wohnsitzes. Für den Fall einer Verarmung kann er von der Niederlassungsgemeinde in die Heimat abgeschoben werden.*

wo die Regierung von Bern von einem dort Niedergelassenen für ein in seiner Heimath Freiburg gelegenes
Grund-[19]-stück, das dort bereits zur Erbschaftssteuer
angezogen war, nochmals Erbschaftssteuer erheben
wollte, entschieden haben, dass eine solche doppelte
Besteuerung des nämlichen Objekts bundeswidrig sei.

In der Steuerfrage finden wir in der Regel *affirmative*
Kompetenz-Konflikte; beide Regierungen, die der
Heimath und die der Niederlassung, reklamiren den
Mann, oder vielmehr dessen Geldbeutel für sich. In
Armensachen dagegen finden wir *negative* Kompetenz-
konflikte, keine der beiden Regierungen, weder die der
Heimath, noch die der Niederlassung, will den
Unterstützungesbedürftigen als den ihrigen anerkennen.
Ehe durch die Verfassung von 1848 eine gesetzliche
Regelung eingetreten und eine zur Ausgleichung und
Entscheidung berufene Bundeszentralbehörde einge-
setzt war, erzeugten solche negativen Konflikte das
unglückselige Geschlecht des Heimathlosen, welche,
wie eine Herde Aussätziger, ein Kanton dem andern zu-
schob, nachdem er zuvor sie grausam gemisshandelt
hatte, um ihnen die Lust zur Rückkehr zu vertreiben.
Die Heimathlosigkeit war nicht bloss Folge natürlicher
Ursachen, wie sie überall vorkommen (unbekanntes
Domizil oder Domizillosigkeit der Eltern, unbekannter
Geburtsort u. dgl.), sondern auch Folge schlechter und
unvernünftiger Gesetze. In den meisten Kantonen
bestand früher die Aberkennung der Heimaths- und
Bürgerrechte, die Verbannung, als Strafe namentlich für
Vergehen gegen die Staatsreligion. Die politischen
Kämpfe in der Schweiz hatten während des sieben-
zehnten und achtzehnten Jahrhunderts einen ent-

schieden konfessionellen Beigeschmack, der ja auch noch bis in den Sonderbundskrieg hinüberspielte. Die konfessionelle Bornirtheit bedrohte gesetzlich die Eingehung einer gemischten Ehe, den Glaubenswechsel und ähnliche „Vergehen" mit Verbannung und Verlust des Bürgerrechts. Ausserdem konnte das letztere erlöschen durch Zeitablauf, durch Abwesenheit, unterlassene Erneuerung u. s. w. Hatte nun Der, dessen Bürgerrecht aberkannt, verjährt oder sonstwie erloschen war, nicht zufällig irgendwo sonst das Indigenat[1] erworben, so war er heimathlos.

Die Verfassung von 1848 macht diesen Missständen ein Ende. Sie erklärt das *Bürgerrecht* für *unverjährbar* und *verbietet dessen Aberkennung. Gegen* seinen Willen kann es Niemandem entzogen werden. Mit seinem Willen kann es nur Derjenige verlieren, der irgendwo anders Aufnahme gefunden hat. Nur wenn er dies nachweist, kann er der Kantonal-Regierung sein Bürgerrecht zurückgeben. Durch blosse Auswanderung wird dasselbe nicht verwirkt. Da das interkantonale Niederlassungsrecht der Schweiz die Erwerbung des Kantons-Bürger-[20]-rechts durch blossen Zeitablauf nicht kennt, da es die Niederlassungsgemeinde und den Niederlassungs-Kanton von einer jeden Verpflichtung der Verabreichung von Armenunterstützung an die nichtkantonsangehörigen Niedergelassenen freispricht und ihnen für den Fall der Verarmung u. s. w. das Recht giebt, den Niedergelassenen, mag seine Niederlassung auch noch so alten Datums sein, an seinen

---

[1] *Eingeborensein, Staats- oder Gemeindebürgerschaft.*

Heimathsort zurückzuweisen, so war die in dem Artikel 43 verfügte Stabilisirung und Unverjährbarkeit des Kantonal-Bürgerrechts nothwendig, wenn nicht die der Niederlassungsgemeinde im Artikel 41 §. 6 verliehene Befreiung von Armenunterstützung und Befugniß zur Ausweisung illusorisch werden und eine gränzenlose Konfusion einreissen sollte. Ob freilich dieses schweizerische System richtig ist. und nicht vielmehr das englische, welches nach Ablauf einer längeren Zeit die Verpflichtung zur Armenpflege auf die Niederlassungsgemeinde überträgt, jedoch unter Aufrechterhaltung der ursprünglichen Heimathsverhältnisse, — das ist eine andere Frage, wegen deren wir auf die Verhandlungen des letzten volkswirthschaftlichen Kongresses (Vierteljahrsschrift. 1863. Bd. III. Seite 267 u.ff.) verweisen.[1]

Was die politischen Rechte des Niedergelassenen anlangt, so verhält es sich damit so: In Deutschland kann, da es nur durch ein völkerrechtliches Band zusammengehalten wird, Jeder nur in dem Staate wählen und gewählt werden, wo er Bürger ist. Denn ein Gesammtstaatsbürgerrecht, ein Reichsbürgerrecht, giebt es gegenwärtig nicht. Die Schweiz dagegen ist ein Bundesstaat. Das *Schweizer* Bürgerrecht, das *Bundesstaats*-Bürgerrecht steht über dem Kantonal-Bürgerrecht und äussert seine durchgreifende Wirkung in allen Kantonen gleichmässig. Der Niedergelassene ist auch in dem Niederlassungs-Kanton, wo er weder heimathsberechtigt, noch Bürger ist, befugt, in eidgenössischen

---

[1] *Die entsprechenden Passagen aus dem Protokoll finden sich im Anhang dieses Buches.*

und in Kantons-Angelegenheiten sein Stimmrecht auszuüben. Sein Wahlrecht ist nicht abhängig von dem
Kantonal- oder Gemeinde-Bürgerrecht am Orte der
Ausübung. Er ist wahlberechtigt und wählbar, aktiv und
passiv wahlfähig, sowohl zu eidgenössischen Stellen, als
auch zu kantonalen, soweit letztere nicht einen rein
kommunalen Charakter tragen, also namentlich zum
Amt eines Richters, Oberrichters, Geschworenen
u. s. w. Diese Einrichtung weckt und kräftigt mehr, als
andere, das Nationalgefühl. Sie gewährt auch in wirthschaftlicher Beziehung wichtige Garantien und giebt
Jedem an seinem Wohnort das Bewusstsein, dass er
auch hier zu Haus, und dass der Föderativstaat kein
blosser [21] „geographischer Begriff,"[1] sondern dass er
auf der dauerhaften Grundlage eines politisch und
wirthschaftlich einheitlichen Gebietes errichtet ist.

Die öffentlichen Rechte des Niedergelassenen sind
jedoch *nicht* ausgedehnt auf die Theilnahme an den
Korporations- und *Gemeindenutzungen*[2], auch hat er, wie
durch einen Beschluss der Bundesbehörde von 1852
anerkannt ist, keinerlei Anspruch auf *Armenunter-*

---

[1] *Der österreichische Diplomat und Staatsmann Fürst
Metternich hatte 1847 die Einungsbestrebungen in Italien mit
der Bemerkung abgetan, Italien sei nur ein geographischer
Begriff. 1849 wandte er diese Formulierung auch auf Deutschland an.*

[2] *Hierunter sind die Benutzung von Gemeineigentum wie der
Allmendewiesen, des Gemeindewaldes, usw. zu verstehen sowie
der Zugang zu Stiftungen und anderem Korporationsvermögen
der Gemeinde.*

stützung gegen den Kanton oder die Gemeinde, wo er sich, sei es auch schon seit sehr langer Zeit, niedergelassen hat.[1] Auch das *Stimmrecht in reinen Kommunalsachen* ist ihm abgesprochen. Letzteres musste geschehen aus Rücksicht auf die Gesetzgebung einzelner Kantone, in welchen kein Unterschied besteht zwischen der engeren oder realen Gemeinde, der „*Bürger*gemeinde," welche im Wesentlichen ein auf die Gemeinde-Almende basirter vermögensrechtlicher Verband ist, auf der einen; und der „*Einwohner*-Gemeinde," welche, als blosse politische Korporation, alle in bürgerlichen Rechten stehenden Einwohner umfasst, auch die, welche keinen Antheil an der Almende und an dem sonstigen Korporationsvermögen haben, auf der andern Seite. In der Einwohner-Gemeinde würde den Niedergelassenen Stimmrecht gehören. Denn sie bezahlen Gemeindesteuern. Wo aber eine solche Einwohner-Gemeinde gesetzlich nicht besteht, und die Kommune durch die Bürgergemeinde repräsentirt wird, da haben selbst Kantonsbürger, welcher einer andern Gemeinde angehören, kein kommunales Stimmrecht, folglich auch nicht die Angehörigen anderer Kantone, welche dort wohnen. Wenn einmal, wie zu wünschen, überall neben der *Realgemeinde*, deren Kern die ursprünglichen „*Vollmärker*"[2] bilden, noch eine rein politische

---

[1] *Hierfür war die Heimat zuständig.*

[2] *„Gemeine Mark" war im Mittelalter ein anderer Begriff für die Allmende, d. h. das Gemeineigentum der Gemeinde, der „Markgenossenschaft". Ein Vollmärker hatte volle Rechte an diesem Gemeineigentum.*

Einwohner-Gemeinde konstituirt ist, welche an dem korporativen Vermögen und dessen Nutzungen nicht partizipirt, dann lässt sich die Sache einfach prinzipgerecht regeln. Auch in Deutschland wäre ein solches Scheiden der Gemeinden in zwei Abtheilungen, eine engere und eine weitere, welche im Verhältniss konzentrischer Kreise zu dem gemeinsamen Mittelpunkte stehen, erwünscht; es würde dadurch jener Widerwillen gegen die Freizügigkeit beseitigt, welcher sich auf die Furcht gründet, dass zahlreiche Zuzügler an dem korporativen Vermögen, den Stiftungen, Almenden u. s. w. theilnehmen und dadurch für den Eingebornen die Antheile an den Nutzungen schmälern möchten. Dies Bedenken herrscht gegenwärtig noch vielfach in Süd- und Mitteldeutschland, wo die Gemeinden reich sind. Vielleicht ist es auch der Grund, warum sich z. B. die freie Stadt Frankfurt wohl zur Gewerbefreiheit, aber bis jetzt noch nicht zur Freizügigkeit hat entschliessen [22] können. Etwas Anderes ist es freilich in den alten Provinzen von Preussen, die meistens Kolonisationsland sind und daher durchschnittlich nur vermögenslose Gemeinden besitzen, welchen jeder Zuzug erwünscht sein muss, wie denn in der That erwiesenermaassen Preussen gleich Oesterreich einen gute Theil seiner Kräfte aus dem „Reich" bezogen hat, ersteres durch Einwanderung von Westphalen, Franken und Sachsen, letzteres durch die von Sachsen, Alemannen (Schwaben) und Bayern.

Was die Schweiz anlangt, so bilden die in Obigem mitgetheilten Vorschriften der Bundesgesetzgebung über die politischen Rechte der Niedergelassenen nur das grundrechtlich garantiere Minimum derselben. Es ist der Kantonalgesetzgebung gestattet und anheimgestellt, darüber hinauszugehen und z. B. den Niedergelassenen auch in Kommunalsachen, und den sogenannten Aufenthaltern, die kein Niederlassungsrecht, sondern nur ein „permis de séjour" haben, in Kantonssachen Stimmrecht zu geben.

Nachdem wir nun die einzelnen Rechte und Pflichten, welche mit der Niederlassungsbefugniss verbunden sind und deren Inhalt bilden, dargestellt haben, gehen wir über zu der Erörterung, *wie das Recht der Niederlassung erworben und verloren wird.* Es wurde bereits bemerkt, dass der Artikel 41 der Verfassung dem Niederlassungs-Kanton die Befugniß giebt, von dem Zuziehenden einen *Nachweis* darüber zu verlangen, „dass er durch Vermögen, Beruf oder Gewerbe *sich und seine Familie zu ernähren im Stande sei,"* ebenso hoben wir hervor, dass diese elastische Vorschrift, engherzig gehandhabt, die Freizügigkeit für diejenige Klasse der Bevölkerung, welche dieses Grundrechtes am Meisten bedarf, vollkommen illusorisch machen könnte. Glücklicher Weise ist dies jedoch von vornherein abgeschnitten werden durch die Eisicht der Bundesbehörde, welche sich dahin aussprach, *dass die blosse Möglichkeit künftiger Dürftigkeit kein Grund sei, das Niederlassungsrecht zu verweigern*; denn sonst, fügte sie hinzu, werde der ganze Bestandtheil der Bevölkerung, welcher lediglich auf den Ertrag seiner Arbeit angewiesen sei, von dieser Wohlthat ausgeschlossen, was um so weniger in der Absicht des Gesetzgebers gelegen haben könne, als ja die Niederlassungsgemeinde, durch das ihr in §. 6 des Artikel 41 eingeräumte Recht der *späteren* Zurückweisung, gegen den *wirklichen* Eintritt der Verarmung (im Gegensatze zu der blossen *Möglichkeit*) ausreichend geschützt sei. Durch diesen Beschluss ist die Gefahr, welche aus der elastischen Natur jenes Erfordernisses erwachsen konnte, [23] beseitigt. Die Gemeinde- und Kantonsbehörden haben sich der Auffassung des Bundesrathes akkomodirt, und es kommen nur selten Beschwerden wegen engherziger Praxis hinsichtlich des Existenz-Nachweises vor.

Das Erforderniss des *Besitzes der bürgerlichen Ehrenrechte* wird beurtheilt nach der Gesetzgebung des Niederlassungs-Kantons. Denn auch hierin weicht das Gesetz in dem einen Kanton von dem des anderen ab. In dem einen werden z. B. die Ehrenrechte durch die Konkurs-Erkenntniss verloren, in dem andern nicht. — Uebrigens hat der Bundesrath entschieden, dass ein solcher Fehler in der Person des Mannes einer Niederlassung der Frau und der Familie nicht im Wege steht.

In Fällen, wo der Niederlassungs-Kanton durch *falsche Atteste* getäuscht wurde, hat ihm der Bundesrath die Befugniss eingeräumt, seine willfährige Entscheidung nachträglich zu kassiren, nicht aber in denjenigen Fällen, wo er sich über die Verhältnisse des Zuziehenden in Folge unterlassener genauer Erkundigung und Prüfung in selbstverschuldetem Irrthum befand.

Eine Streitfrage ergab sich darüber, ob der *Heimathskanton gezwungen werden könne*, seinem Bürger, der in einem andern Kanton Niederlassung nehmen will, *die* dazu *erforderlichen Papiere*, ohne welche nach Artikel 41 §. 1 der Bundesverfassung die

Zulassung nicht erfolgen kann, zu ertheilen. Es kam nämlich vor, dass Kantonalregierungen dem Abziehenden, von welchem sie noch Armensteuer verlangten, die Atteste verweigerten, so lange bis er jene bezahlt habe. Auf eine hiergegen erhobene Beschwerde erklärte sich der Bundesrath anfangs für inkompetent, es sei eine Frage der inneren kantonalen Gesetzgebung und Verwaltung, in die der Bund sich nicht zu mischen habe. Die Kommission des Nationalraths (Volkshauses) war anderer Meinung, und mit Recht. Denn um aus dem Zimmer A in das Zimmer B zu gehen, ist es eben so nöthig, dass mir der Austritt aus A als dass mir der Eintritt in B nicht verwehrt werde, mag diese Weigerung wegen Forderungen, Steuerrückständen oder unter irgend einem andern, in der Bundesverfassung nicht anerkannten Vorwande erfolgen. Die Bundesversammlung, Stände- und Nationalrath, trat dieser letzterem Ansicht bei und erkannte eine gegen die Regierung des Kantons Zürich, wegen Verwiegerung der Papiere aus Anlass einer von der Heimathsgemeinde geltend gemachten Forderung an Armensteuer-Rückständen, erhobene Beschwerde als begründet an. Mit diesem Bundes-[24]-beschluss, welcher auch dem freien *Aus*tritte die bundesrechtliche Garantie gewährt, hatte die Freizügigkeit, abermals einen Sieg errungen.

Nach §. 6 des Artikel 41 der Bundesverfassung kann das Niederlassungsrecht verwirkt werden, entweder durch *richterliches* Urtheil, oder durch *polizeiliche* Ausweisung. Eine Ausweisung durch richterliches Urtheil aus der *Heimaths*gemeinde kann, wie oben dargethan, nach Artikel 43 der Verfassung überhaupt gar nicht mehr erfolgen. Es handelt sich hier nur um die Zurückweisung aus der *Niederlassungs*-Gemeinde. Die strafweise Verbannung aus dieser kann nur erfolgen durch ein Erkenntniss des kompetenten Gerichts wegen einer durch ein Gesetz mit dieser Strafe bedrohten Handlung. Die Gesetzgebung darf auch diese Strafe nicht etwa bloss gegen Niedergelassene aus *fremden* Kantonen androhen, sondern nur generell gegen Niedergelassene überhaupt, also auch gegen die aus dem *eigenen* Kantone. Denn nach Artikel 48 der Verfassung sind sämmtliche Kantone verpflichtet, alle Schweizerbürger in der Gesetzgebung sowohl, als im gerichtlichen Verfahren, den Bürgern des eigenen Kantons gleichzuhalten. Ein mit diesem Grundsatze in Widerspruch stehendes Urtheil des luzerner Obergerichts wurde durch den Bundesrath kassirt, und der gegen diese Kassation ergriffenen Rekurs des Kantons Luzern von der Bundesversammlung verworfen. Die Gründe, aus welchen polizeiliche Ausweisung stattfinden darf, sind genau aufgezählt. Man kann nicht sagen, dass in der Praxis Missbrauch mit dieser dem Wortlaut des Artikel 41 nach allerdings weit ausgedehnten Befugniß getrieben wird.

Einzelne weitere Konflikte, welche zwischen dem Heimathskanton und dem Niederlassungskanton über Fragen wie, ob dieser oder jener dem Niedergelassenen einen Pass zu ertheilen habe, ob die Gerichte dieses oder die Gerichte jenes in Statusfragen, in Vormundschafts-, in Ehescheidung-Sachen kompetent seien (für persönliche Forderungen sind es unzweifelhaft nur die Wohnorts-, nicht die Heimathsgerichte), entstanden und zur Entscheidung der Bundesbehörden gelangt sind, wollen wir hier übergehen, weil sie mehr ein staatsrechtliches als ein wirthschaftliches Interesse bieten.

Erwähnung verdient noch, dass auf Grund einer Anordnung der Bundesverfassung ein Gesetz erlassen wurde wegen Untertheilung jener bereits oben erwähnten „*Heimathslosen,*" welche, durch die frühere illiberale Niederlassungspolitik und durch die Aberkennung des Bürgerrechts erzeugt, eine der öffentlichen Sicherheit und Wohlfahrt nachtheilige, fortwährend von der Staatsgewalt verfolgte und dafür [25] sich an dieser und der bürgerlichen Gesellschaft nach Vermögen rächende, ewig fluktuirende, unruhige und beunruhigende Menge bildeten. Es gelang der Bundesbehörde innerhalb 10—12 Jahren, nach Vorschrift eines Bundesgesetzes, welches das Verfahren regelte und die Maximen der Untertheilung unter die verschiedenen Kantone feststellte, und unter Beihülfe des Bundesgerichts, dessen Entscheidung angerufen wurde, wenn ein Kanton seine Verpflichtung zur Uebernahme Heimathloser bestritt, mit Aufwendung unsäglicher Mühe und Arbeit, theils die Heimath der angeblich „Heimathlosen" auszumitteln und sie dort anzubringen, theils sie unter die verschiedenen Kantone unterzutheilen und so eine Krankheit zu heilen, welche wie ein Krebs an der Eidgenossenschaft zehrte und die, so lange man nur äusserlich auf die Symptome derselben loskurirte, statt ihre Ursache, die verkehrte Niederlassungspolitik, zu erforschen und zu beseitigen, beständig wuchs und durch die brutale Grausamkeit der Mittel, welche man gegen schuldlose Unglückliche anwandte, die Kantons-Regierungen in einen wahren Verruf brachte.

Was endlich die *Freizügigkeit nach aussen* zwischen der Schweiz und den andern (auswärtigen) Staaten anlangt, so statuirt die Bundesverfassung „*Freizügigkeit unter Vorbehalt des Gegenrechts*". Wir haben nicht nöthig, hier nochmals auszuführen, dass das Verlangen der Reziprozität sich aus volkswirthschaftlichen Gründen nicht rechtfertigen lässt. Es kommt, wie ein sarkastischer Redner auf dem dritten Kongress deutscher Volkswirthe sagte, darauf hinaus: „Haust Du meinen Juden, dann haue ich deinen *und meinen* Juden."[1] Denn der Staat, welcher gegenüber einem andern die Beschränkung der Niederlassung als Repressalie gebraucht, beschädigt *sich selbst* und *seine eigenen* Bürger fast noch mehr, als den andern. Ausserdem ist das Prinzip der Gegenseitigkeit in der That kaum praktisch durchzuführen. Denn zwischen der absoluten Beschränkung und der absoluten Freiheit der Niederlassungsrechtes sind, wie uns ja die Geschichte der Entwickelung der Ferizügigkeit in der Schweiz allein schon zur Genüge gezeigt hat, so unendlich viele Zwischenstufen, dass es wohl schwerlich zwei europäische Staaten gibt, deren Niederlassungsgesetzgebungen so vollständig mit einander übereinstimmen, dass eine die andere deckt, — und nur in *diesem* Falle

---

[1] *Angespielt wird auf die Redewendung „Haust Du meinen Juden, dann haue ich Deinen Juden" mit der Bedeutung: „Wie Du mir, so ich Dir." In der Abwandlung und im Kontext der freihändlerischen Sicht des Volkswirtschaftlichen Kongresses ist damit gemeint: „Ich werde ein gegen mich verübtes Unrecht (d. h. die Schädigung meiner Bürger) durch ein Unrecht gegen Dich und auch noch gegen mich selbst bestrafen."*

würde wirkliche, materielle Reziprozität vorhanden sein. So ist denn das Erforderniss der Gegenseitigkeit theoretisch verwerflich und praktisch unausführbar. Es hat wohl nur einen Werth, indem man sich darunter eine dringliche Einladung an die Nachbarstaaten denkt, baldmöglichst [26] sich von ihrer illiberalen Niederlassungspolitik loszusagen; und diesen Wink sollten die deutschen Staaten wohl beherzigen, deren Bürger bei der Niederlassung in der Schweiz immer weit grössere Schwierigkeiten finden, als die Bürger Frankreichs und Englands, welche beide Länder ihr Gebiet jedem Zuziehenden bereitwillig öffnen.

Ein Ausfluss der neutralen Stellung der Schweiz und der manchmal fast manchmal fast ängstlichen Rücksicht, mit welcher man jeder Verwickelung mit dem Auslande vorsichtig aus dem Wege zu gehen sucht, ist die Vorschrift des Artikel 43 der Bundesverfassung, „dass kein Kanton einem Ausländer (Nicht-Schweizer) das Bürgerrecht ertheilen darf, wenn dieser nicht aus seinem seitherigen Staatsverband entlassen wird." Uebrigens wird es mit der formellen Nachweisung der Entlassung in solchen Fallen, wo man auswärtige Reklamationen nicht befürchten zu müssen glaubt, nicht allzu strenge genommen.

Indem wir hiermit diesen Versuch einer kurzen Geschichte und Dogmatik des bundesstaatlichen Freizügigkeitsrechts der Schweiz schliessen, halten wir uns verpflichtet hervorzuheben, dass neben persönlicher Erkundigung an Ort und Stelle und mündlicher Belehrung, welche uns bei öfterem Aufenthalte in dem schönen Alpenlande zu Theil ward, die Hauptquelle,

aus welcher wir schöpften, das treffliche Werk Bundes-
gerichtsrathes *Dr. J. J. Blumer* „Handbuch des Schweizerischen Bundesstaatsrechts" (1. Band, Schaffhausen,
Hurter, 1863) bildet, dessen Verfasser die gediegenste
historische und juristische Bildung mit der genauesten
Detailkenntniss des vorhandenen Materials vereinigt.

Wenn vielleicht unsere Leser glauben, der von uns
behandelte Stoff rechtfertige keineswegs eine so aus-
führliche und in's Einzelne gehende Darstellung,
namentlich auch solcher Punkte, welche anscheinend
mehr in das staatsrechtliche, als in das wirthschaftliche
Gebiet einschlagen, so bitten wir sie, Folgendes zu er-
wägen: Die Forderung der Freizügigkeit vom wissen-
schaftlichen Standpunkte der Volkswirthschaft aus zu
begründen, ist heute nicht sehr schwer und fast nicht
mehr nöthig. Schwer dagegen ist es, dieser Forderung
Gehör und praktische Durchführung zu verschaffen
gegenüber der politischen Gewalt, welche in Staat und
Gemeinde den traditionell überkommenen und theil-
weise bereits abgestorbenen Mechanismus zu kon-
serviren und eine bloss äusserliche willkürliche Ordnung, gegenüber den unabweisbaren Bedürfnissen der
freien wirthschaftlichen und sozialen Bewegung, aus
welcher sich die wahre innere, organische und harmo-
[27]-nische Ordnung, als ein Produkt ewiger und unab-
änderlicher Naturgesetze, von selbst erzeugt, aufrecht
zu erhalten sucht. Wie mühsam dieser Kampf zwischen
der nach Emanzipation ringenden Wirthschaft und der
auf der Bevormundung beharrenden Gewalt ist, und
wie die Erfolge nur sehr langsam und allmälig errungen
werden, das zeigt uns die Schweiz. Auch dort glaubte
man, die Freizügigkeit brauche man nur *„einfach zu*

dekretiren," und man that dies am 12. April 1798. Der Erfolg war, dass die reagirenden Gewalten die Durchführung des proklamirten Grundsatzes hinderten, und dass man ihn einige Jahre nachher eben so *einfach wieder wegdekretirte*, wie man ihn dekretirt hatte. Die Idee brauchte ein Vierteljahrhundert, um sich Bahn zu brechen, und dann noch ein Vierteljahrhundert, um mit langsamen Schritten ihrer Ausführung entgegenzugehen, welche ihr nur dadurch gesichert ist, dass sie still und beharrlich in die Risse und Spalten veralteter politischer Institutionen ihre Wurzeln senkt, und indem sie letztere umgestalten hilft, sich selber zu Luft und Licht und Wachsthum durcharbeitet. Deswegen möge man uns entschuldigen, wenn wir hier auf das staatliche und kommunale Gebiet zuweilen abgeschweift sind.

Jedenfalls glauben wir, dass es der Mühe lohnt, die Erfahrungen zu studiren, welche unsere allemannischen Vettern und Nationalgenossen in der Schweiz bezüglich der Freizügigkeit innerhalb einer Föderativ-Verfassung, und der Regelung ihrer interkantonalen Beziehungen durchgemacht haben, die wir noch durchmachen müssen, und die, kurz zusammengefasst, etwa darin bestehen,

1. dass die Einengung der Freizügigkeit bloss auf das *Innere* der Einzelnstaaten und das Festhalten der interkantonalen oder interterritorialen Schranken die Nation hindert, jene neue Gliederung der bürgerlichen Gesellschaft zu vollziehen, welche durch die Eisenbahnen und die sonstigen Aenderungen des wirthschaftlichen Lebens nothwendig geworden ist;

2. dass es sonach einer gemeinsamen zwischen-
   staatlichen oder interterritorialen Regelung der
   Freizügigkeit durch ganz Deutschland bedarf;
   und dass
3. deren Ausführung nur dann gesichert erscheint, wenn sie den Händen einer gemeinsamen obersten Bundesbehörde oder eines
   Bundesgerichtshofes anvertraut ist.

Wiesbaden, den 1. Februar 1864.

ANHANG

[Aus: Bericht über die Verhandlungen des sechsten Kongresses deutscher Volkswirthe zu Dresden am 14., 15., 16. und 17. September im Auftrage der ständigen Deputation erstattet von W. Jungermann[1]*, abgedruckt in: Julius Faucher (Hrsg.): Vierteljahrschrift für Volkswirthschaft und Culturgeschichte, Jahrgang 1863, 3. Band, Seite 261ff.]*

[261] Es wird zum dritten Gegenstand der Tagesordnung, zur Debatte über die *Freizügigkeit* übergegangen. Berichterstatter sind die Herren Präsident Dr. Lette[2] und Präsident Dr. Braun. Dieselben haben

---

[1] *Wilhelm Jungermann (1829-1888) studierte Rechts- und Staatswissenschaften in Marburg. Er arbeitete als Redakteur verschiedener Zeitungen. Er gehörte er dem kurhessischen Landtag an, in dem er die Absetzung des Kurfürsten beantragte. 1864 konnte er nicht Bürgermeister von Bockenheim werden, weil eine Bestätigung der Regierung ausblieb. 1867 gehörte er als Vertreter des Wahlkreises Kassel 5 für die Nationalliberale Partei dem Konstituierenden Reichstag an.*

[2] *Wilhelm Adolf Lette (1799-1868) studierte in Heidelberg und Göttingen Rechtswissenschaften. Wegen Besuchs des Wart-*

Anhang

gemeinschaftlich mit dem Herrn Ober-Regierungsrath Bitzer[1] aus Stuttgart im Namen der niedergesetzten Kommission folgenden Antrag eingebracht:

Anknüpfend an den in seiner dritten Versammlung (1860 in Köln) gefassten Beschluss über Einführung

---

burgfestes und seiner Aktivitäten in Burschenschaften wurde er im Zuge der vormärzlichen "Demagogenverfolgung" zu einer Gefängnisstrafe verurteilt. Lette gehörte der National-versammlung in der Paulskirche (Fraktion Casino) an und später der ersten, dann der zweiten Kammer des Preußischen Abgeordnetenhauses (Fraktion Vincke, dann Linkes Zentrum). Zum Norddeutschen Reichstag wurde er 1867 im Kreis Frankfurt/Oder für die Nationalliberale Partei gewählt. Wilhelm Lette war bekannt für seine zahlreichen wohltätigen Bemühun-gen, so etwa im Zentralverein für das Wohl der arbeitenden Klassen oder dem Verein zur Förderung der Erwerbstätigkeit des weiblichem Geschlechts. Ein besonders Anliegen war für ihn auch die Freizügigkeit, für die er in seiner Schrift "Die Freizügigkeit, das wichtigste Grundrecht für die arbeitenden Klassen" von 1863 warb (Neuausgabe: Libera Media, 2015).

[1] Friedrich Bitzer (1816-1885) trat nach Studium in Tübingen in den württembergischen Staatsdienst, wo er bis 1856 zum Ober-regierungsrat avancierte und schließlich 1871 zum Wirklichen Staatsrat. Sein Tätigkeitsgebiet war die Armenpflege. Zudem war er an der Gründung der Württembergischen Hypotheken-bank beteiligt. Für den Bezirk Leonberg, dann den Bezirk Freudenberg wurde er ab 1874 in die württembergische Abge-ordnetenkammer gewählt, wo er der Fraktion der (national-liberal ausgerichteten) Deutschen Partei angehörte. Mit dem Thema der Freizügigkeit befaßte er sich in seiner Schrift "Das Recht auf Armenunterstützung und die Freizügigkeit" von 1863 (Neuausgabe: Libera Media, 2015).

Bericht des 6. Kongresses Deutscher Volkswirte

der Freizügigkeit in Deutschland[1] und in weiterer Vertretung der richtigen volkswirthschaftlichen Grundsätze, erklärt der sechste Kongress deutscher Volkswirthe:

1. Es soll Jedermann, welcher Gemeinde, welchem Lande oder welcher Nation er auch angehören mag, gestattet sein: an jedem Orte, wo er will, seinen Aufenthalt und Wohnsitz zu nehmen, auch jeden an sich erlaubten Nahrungszweig zu betreiben, sich zu verheirathen und eine Familie zu gründen, desgleichen Grundeigenthum zu erwerben.

2. Dieses Recht soll nicht auf Inländer beschränkt, auch weder von dem Erforderniss der Gegenseitigkeit, noch von Einzugsgeldern, oder von sonstigen lästigen und beschränkenden Bedingungen abhängig gemacht werden.

---

[1] *Der Beschluß bestand aus den folgenden beiden Punkten:*

1) *Der volkswirthschaftliche Congreß spricht sich für unbedingte Freizügigkeit in ganz Deutschland aus, d. h. für das Recht, an jedem Orte Deutschlands seinen Wohnsitz nehmen und sein Geschäft betreiben zu dürfen, ohne vorher das Orts- und Staatsbürgerrecht in demselben erwerben zu müssen.*

2) *Der Congreß ist nicht der Ansicht, daß die Freizügigkeit von den einzelnen Staaten an die Bedingung der Gegenseitigkeit zu knüpfen sei.*

(Zitiert nach: Bremer Handelsblatt, Jahrgang 1860, Nr. 467 (22. September), S. 359.)

3. Die *Befugniss zum Aufenthalt und Wohnsitz* verleiht an und für sich weder *Heimaths- noch Gemeinde-bürgerrecht*. Jedoch soll das Heimathrecht dadurch erworben werden *können*, dass Jemand ohne Unterbrechung während drei Jahren in einer Gemeinde Aufenthalt und Wohnsitz genommen hat, ohne der öffentlichen Armenpflege zu verfallen.

4. Diese Einrichtung (Erwerbung des Heimathrechts durch Zeitablauf) ist unter sämmtlichen deutschen Bundesstaaten auf dem Wege entweder des Vertrages, oder der übereinstimmenden Gesetzgebung einzuführen; die einzelnen Regierungen haben jedoch die Pflicht, eine derartige Reform dadurch vorzubereiten, dass sie, ohne Verzug, eine jede für sich, vollständige Freizügigkeit einführen.

5. In dem Rechte zum Aufenthalt und Wohnsitz ist zugleich das Recht zum Geschäfts- und Gewerbebetriebe (s. Nr. 1) mit einbegriffen, so dass letzteres nicht abhängig gemacht werden darf von dem vorherigen Erwerbe des Staats-, Gemeindebürger- oder Heimathsrechtes an dem Orte oder in dem Lande des Geschäftsbetriebes.

6. Die Erlaubniss zur Verheirathung darf nur von den allgemeinen zivilrechtlichen Voraussetzungen des Eherechts, dagegen weder von der Zustimmung der Heimaths- oder Niederlassungsgemeinde, noch von der Vorprüfung und Bewilligung einer Staats- oder anderen Polizeibehörde, noch von dem Nachweise eines Nahrungsstandes, noch von dem vorherigen Erwerbe

des Staats- oder Gemeindebürgerrechts, noch von sonstigen, lästigen und einschränkenden Bedingungen abhängig gemacht werden. [262]

7. Die Erwerbung des Staats- und Gemeindebürgerrechts ist möglichst zu erleichtern; es kann jedoch, wenn der Eintritt in die Gemeinde auch vermögensrechtliche Ansprüche in sich schliesst, ein diesen letztern entsprechendes Aufnahmegeld erhoben werden.

Präsident Dr. *Lette*: Von allen Fragen, welche der Wissenschaft der Volkswirtschaftslehre zur Lösung gestellt sind, glaube ich die der Freizügigkeit für die wichtigste erklären zu müssen, weil es sich bei ihr um die freie Anwendung des allerwerthvollsten Kapitals von allen, nämlich der persönlichen Arbeitskräfte handelt. Aber auch schon desshalb werden wir dieser Frage eine sorgfältige Behandlung zu Theil werden lassen müssen, weil sie es vorzugsweise ist, welche die Beziehungen des Kongresses zu den Arbeitervereinen und deren Bestrebungen am unmittelbarsten vermittelt. Die Freizügigkeit berührt vorzugsweise zwei Gebiete: einmal die Gewerbthätigkeit in ihrem Verhältniss zu den Rechten der alten Gemeindegenossen und sodann die Armenpflege. Wir haben in der Ihnen vorgeschlagenen Resolution die Armenpflege nur leise berührt. Wir glaubten wohl mit Recht die wirthschaftliche, gewerbliche Seite der Frage in den Vordergrund stellen zu sollen, weil wir in dem, einem Jeden zustehenden Recht, überall seinem Erwerb nachgehen zu dürfen, eins der wirksamsten Mittel erblicken, sich vor Armuth zu schützen. In der That aber wäre die

Anhang

Freizügigkeit blos ein Recht auf freie Vagabundage, wenn nicht mit ihr zugleich untrennbar die Befugniss verbunden ist, überall zugleich ein Gewerbe zu treiben, Grundstücke zu kaufen und sich zu verheirathen. Insbesondere aber möchte ich hierbei das Recht auf die Verehelichung vorzugsweise betonen. Ich kann kaum die Worte dafür finden, um die Unsittlichkeit der Polizeimassregeln zu bezeichnen, welche ersonnen worden sind, um dies sittlichste aller menschlichen Bedürfnisse zu verkümmern. Ja, ich kann nicht begreifen, wie die deutschen Staaten sich rühmen können, ein konstitutionelles System zu befolgen, so lange sie die Freiheit ihrer Bürger so sehr noch beschränken, dass sie nicht einmal die Eingehung des sittlichen Verhältnisses frei gestatten, welches den Menschen zu einer höheren Würde emporheben soll und das desshalb von der katholischen Kirche zu einem Sakrament erhoben worden ist. Ich habe aber leider hierhei [*sic*] nicht blos die Verhältnisse in Mecklenburg im Auge, wo an vielen Orten mehr uneheliche als eheliche Kinder geboren werden, wo Dank dem dort herrschenden krystallisirten Feudalstaat, in des Grundbesitzers Hand das Schicksal von Hunderten von Staatsangehörigen gegeben ist, nein ich habe die Gesetzgebung aller deutschen Staaten im Auge. — Es besteht ein inniger Zusammenhang zwischen der Freizügigkeit und der Gewerbefreiheit und erst wenn wir zu der Gewerbefreiheit auch die Freizügigkeit, die volle Freizügigkeit errungen haben, werden wir wahrhaft freie Menschen und Bürger sein.

Präsident Dr. *Braun*: Es ist eigentlich ein überflüssiges Stück Arbeit die Freizügigkeit zu vertheidigen, denn ich bin der Ansicht, wer mit seinen Augen sehen

und mit seinen Beinen gehen kann, muss auch von
seinem Recht auf Freizügigkeit überzeugt sein. Wenn
wir uns hier dennoch dieser Aufgabe unterziehen, so
liegt der Grund davon in dem Umstande, dass zwar die
Beschlüsse des Kongresses über die Gewerbefreiheit in
der Mehrzahl der deutschen Staaten ihre Ausführung
gefunden haben, ein früherer Beschluss über die Freizügigkeit dagegen nur hier und da berücksichtigt worden ist und auch dann nur verkümmert. Mit der Freizügigkeit innerhalb eines einzelnen Staates — und
weiter ist fast nirgends die Gesetzgebung gegangen —
kann uns aber nicht gedient sein; denn Dank der
deutschen Kleinstaaterei sind manche deutschen
Staaten nicht grösser als ein Verwaltungsgebiet eines
grösseren Staates oder wohl gar kaum so gross wie eine
europäische Hauptstadt. Wie kommt es nun aber, dass
wir in Deutschland keine Freizügigkeit haben und dass
dieselbe, ungeachtet des [263] Beschlusses des Kongresses, noch keine grösseren Fortschritte gemacht hat?
Bei der Beantwortung dieser Frage werden wir uns zu
vergegenwärtigen haben, dass die Freizügigkeit drei verschiedene Seiten hat: eine wirthschaftliche, eine kommunale und eine politische. Diese letztere Seite der
Frage ist es aber gerade, welche bei der Durchführung
der Freizügigkeit in Deutschland eine der Haupt-
schwierigkeiten bildet. Die Realisirung der Freizügigkeit
ist leicht im Einheitsstaat, schwer im Bundesstaat, am
schwersten im Staatenbund. Eine Freizügigkeit welche
nur innerhalb eines jeden einzelnen der deutschen
Bundesstaaten den Verkehr frei gibt, hat keinen Werth.
Sie hindert uns, den Aenderungen und Strömungen zu
folgen, welche durch die neuen Verkehrseinrichtungen
(wie die Eisenbahnen u. dergl.) hervorgerufen sind und

die Landesgrenzen überspringen. Sie schliesst die einzelnen Staaten gegen einander ab, während die französische Grenze stets offen ist. In dem Bundesstaat von
Nordamerika ist die Freizügigkeit so alt, wie die Verfassung, welche von 1787 datirt. Sie schreibt vor, dass
die Bürger eines jeden der vereinigten Staaten in allen
anderen Staaten dieselben Rechte und Befugnisse haben
sollen, wie die Angehörigen dieses anderen Staates.[1] Sie
behält dem Kongress die Befugniss vor, eine für alle
Staaten gleichförmige Verordnung über Einbürgerung
oder Naturalisation von Fremden zu erlassen.[2] Diese
Verordnung ist in der That erlassen worden. Nach ihr
erwirbt man das Gesammtstaatsbürgerrecht oder
Unionsstaatsbürgerrecht in fünf Jahren. Der Ausländer,
welcher Bürger der Vereinigten Staaten werden will, hat
innerhalb der ersten drei Jahre seines Aufenthaltes sich
anzumelden und sein bisheriges Unterthanenverhältniss
abzuschwören. Hat er sich von da ab gerechnet, weiter
zwei Jahre in der Union aufgehalten, so kann er das
Unionsbürgerrecht dadurch erwerben, dass er, unter
Vorlage der über die erste Anmeldung ihm ertheilten
Papiere, in öffentlicher Gerichtssitzung dies erklärt und
zwei Zeugen beibringt, welche bestätigen, dass er nun-
mehr fünf Jahre in der Union lebe und einen guten Ruf
geniesse. Die Naturalisationsfristen, welche die Gesetz-
gehungen der Einzelstaaten vorschreiben, bewegen sich

---

[1] *Vgl. Artikel IV, Sektion 2: „The Citizens of each State shall be
entitled to all Privileges and Immunities of Citizens in the several
States."*

[2] *Vgl. Artikel 1, Sektion 8: „The Congress shall have Power [...] To
establish an uniform Rule of Naturalization, [...]."*

zwischen *einem* Jahr und *fünf* Jahren. lm Wesentlichen handelt es sich bei allem Dem nur um die politischen Rechte. Die wirthschaftliche Freizügigkeit ist eine ganz uneingeschränkte. Man fragt gar nicht, wo der Zuziehende herkommt; und da auch die Armenpflege besser als bei uns organisirt ist, so bleibt das Heimathsrecht meistens ganz ausser Erörterung. So war es wenigstens bisher. ln neuester Zeit hat die Einführung der Konskription[1] eine Aenderung bewirkt. Viele wiegern sich, zu dienen, weil sie nicht heimathberechtigt seien. Dies führt zu einer Untersuchung, welche sich jedoch darauf beschränkt, ob der Betreffende sich zur Naturalisation angemeldet oder ob er schon einmal bei einer Wahl mitgestimmt hat, in welchem Fall er der Konskription unterworfen wird. In der *schweizerischen Eidgenossenschaft* ist die Freizügigkeit weniger vollständig, als in Nord-Amerika, aber besser, als in Deutschland, durchgeführt. Jeder Kantonbürger ist auch Schweizerbürger. Der Kantonalgesetzgebung ist verboten, einen Unterschied zu machen zwischen ihren eigenen Angehörigen und den übrigen Schweizern. Es herrscht das Prinzip freier Niederlassung für alle Schweizer; der Zuziehende geniesst alle Rechte eines Kantonalsbürgers, mit Ausnahme der Nutzungen an den Gemeinde- und Korporationsgütern; namentlich soll er hinsichtlich des Rechts zum Gewerbebetrieb, zum Erwerb von Grundeigenthum u. s. w. den Eingeborenen gleichgehalten werden. Er kann nur wegen

---

[1] *Hintergrund ist der amerikanische Bürgerkrieg von 1861 bis 1865. Die Vereinigten Staaten hatten vorher keine Wehrpflicht, wie sie in den europäischen Staaten seit längerem üblich war.*

erlittener Strafen, verübter Verbrechen, Unsittlichkeit, und wenn er verarmt ist und dadurch der Gemeinde oder dem Kanton zur Last fällt, in seine Heimath zurückverwiesen werden. Für die Angehörigen auswärtiger Staaten (für Nichtschweizer) besteht die Freizügigkeit nur unter dem Vorbehalte der Reziprozität; und auch das den Schweizerbürgern gewährleistete verfassungsmässige Grundrecht der freien Niederlassung ist [264] an das Erforderniss geknüpft, das man "einer der christlichen Konfessionen angehört." Sie sehen also, die Schweiz ist noch nicht so weit gegangen, als wir Ihnen gegenwärtig vorschlagen, aber gegenüber der faktisch bei uns noch bestehenden Einrichtungen ist sie uns ausserordentlich weit voraus, ohne dass darunter die Kantonal-Autonomie zu leiden hätte. In Deutschland hatten wir von Haus aus eine sehr ausgedehnte Freizügigkeit, wie dies unter Anderem schon die Völkerwanderung beweist. Die Reichstage waren Wanderversammlungen wie unsere heutigen Kongresse[1] und die deutschen Könige hatten nicht einmal feste Residenzen. Die Zustand der unbeschränktesten Freizügigkeit ging erst unter durch den Feudalismus. Später freilich, als die Städte in die Höhe kamen, zeigte sich auch die Freizügigkeit wenigstens einigermassen wieder im Schwange, denn die Städte öffneten ihre Thore Allen Denen, die mühselig und beladen waren und namentlich die Leibeigenen und die Hörigen waren es, welche dort einwanderten und Freiheit des Erwerbs

---

[1] *Gemeint sind die Kongresse deutscher Volkswirte, die keinen festen Sitz hatten, sondern jedes Jahr an einem anderen Ort stattfanden.*

und des Grundeigenthums fanden. Aber die Städter wurden mit der Zeit schwach und unterlagen im Kampf gegen die Territorialfürsten und nach dem dreissigjährigen Kriege waren diese es, welche alle Gewalt in die Hand bekamen. Die kirchlichen Güter, welche nach kanonischem Recht zum Theil für die Unterhaltung der Armee[1] bestimmt waren, wurden von den protestantischen Fürsten eingezogen, die Macht der Städte war erschlafft und es trat überall eine entsetzliche Verarmung ein. Da sah sich denn die Gesetzgebung veranlasst, den Grundsatz der obligatorischen Staatsarmenpflege zu proklamiren und nun wurde man ängstlich in Bezug auf die Freizügigkeit. Der Gespensterglaube kam auf, der in jedem neu Ankommenden einen Armenhauskandidaten sieht und man ersann Beschränkungen der Freizügigkeit auf Beschränkungen. Dieser Grundsatz der obligatorischen Staatsarmenpflege war auch so ein Ausfluss des Begriffs der Omnipotenz der Staatsgewalt. Aber wie es zu gehen pflegt: erst lud man sich die Armenpflege auf und dann wusste man nicht, wie damit fertig werden. Ein Missgriff erzeugt aber immer den anderen. Da erfand man denn die Heimathsbeschränkungen, man erliess eine Menge ganz verzwickter Bestimmungen über das Heimathsrecht, man gab drakonische Gesetze gegen die sogenannten Vagabunden. Es ist das mit diesen Vagabunden eine gar seltsame und zwar eine traurige Geschichte. Erst jagte man die armen Leute da auf, wo sie sich niedergelassen hatten, ohne heimathsberechtigt

---

[1] *Vermutlich ein Setzfehler: Es soll wohl eher „der Armen" als „der Armee" heißen.*

zu sein, und strafte sie, und wenn sie ihre Strafe ver-
büsst hatten, dann konfinirte[1] man sie an ihrem Heimathsort, und wenn sie nun da, wie dies sehr natürlich
war, eben weil man sie für Vagabunden erklärt hatte,
keine Arbeit und keinen Lebensunterhalt fanden und
ohne Pass[2] aufs Neue fortgingen, um nicht zu ver-
hungern, dann waren sie wieder Vagabunden und
wurden wieder bestraft und wieder konfinirt und so
fort. (Beifall.) Wer aber erst einmal in dies Triebrad von
Bestrafungen und Konfinirungen hinein verflochten
war, der kam sein Leben lang nicht wieder heraus.
Diese gesetzlichen Bestimmungen aber haben wir noch.
Freilich, man wendet diese Bestimmungen nur gegen
solche Leute an, welche schlecht gekleidet sind und blos
einen Kittel oder ein schlechtes Kamisol[3] anhaben, und
während man in den Bädern Leute, die hundertmal
mehr verbrochen haben, die eigentlich ihr ganzes Leben
eingesteckt werden sollten, unbelästigt sich herum-
treiben lässt, hält man sich blos an die armen Leute, die
nur desshalb arm sind, weil man ihnen nicht gestattet,
sich niederzulassen. (Lebhafter Beifall.) Man verfiel
ferner darauf, das Heirathen zu erschweren. Die Folge
war, dass nun die Leute ohne verheirathet zu sein,
zusammenlebten. Da erfand man denn nun aber eine

---

[1] *den Aufenthalt auf einen bestimmten Ort beschränken.*

[2] *Die Paßpflicht für In- und Ausländer wird erst mit dem „Gesetz über das Paßwesen" vom Jahr 1867 für den Norddeutschen Bund abgeschafft, was nach der Reichsgründung 1871 dann auf ganz Deutschland ausgedehnt wird.*

[3] *Ein mit Ärmeln versehenes oder auch ärmelloses Oberteil.*

Menge neuer Klagen, die Stuprumsklage[1], die Alimentenklage, von denen weder das römische noch das deutsche Recht etwas weiss. Das sollten Schutzmittel sein gegen das selbst verschuldete Uebel. Aber statt Schutzmittel der Sittlichkeit, sind diese Klagen nur eine fruchtbare Quelle von falschen Eiden und ganz un-[265]-beschreiblichem Skandal geworden. So zog man einen grossen Giftbaum über das ganze deutsche Vaterland und wahrlich es ist Zeit, dass wir diesem Giftbaum endlich die Axt an die Wurzel legen und ihn mit Stumpf und Stiel ausrotten. (Beifall.) Ich komme nun zu den Versuchen der Gesetzgebung, eine Besserung herbeizuführen. Die Bundesakte ist es, welche zuerst von der Freizügigkeit spricht, aber sie versteht darunter nur das Recht, dass uns nichts abgenommen werden soll, wenn wir mit unserm Vermögen aus einem Bundesstaat in einen anderen ziehen. Das ist die Freizügigkeit der Bundesakte. Etwas besser waren schon die Bestimmungen, welche in der preussischen Städteverordnung vom Jahre 1808 und in dem preussischen Gesetz vom 31. Dezember 1842 getroffen wurden. Zum ersten Male offiziell wurde die volle Freizügigkeit in den deutschen Grundrechten[2] verankert. Leider aber

---

[1] *Klage wegen Vergewaltigung.*

[2] *Die Verfassung des Deutschen Reiches vom 28. März 1849, Abschnitt VI (Die Grundrechte des deutschen Volkes), Artikel I, § 133 bestimmt: „Jeder Deutsche hat das Recht, an jedem Orte des Reichsgebietes seinen Aufenthalt und Wohnsitz zu nehmen, Liegenschaften jeder Art zu erwerben und darüber zu verfügen, jeden Nahrungszweig zu betreiben, das Gemeindebürgerrecht zu gewinnen."*

fügen die Grundrechte den betreffenden Grundsatz bei, dass die Bedingungen für den Aufenthalt und Wohnsitz durch ein Heimathgesetz und die für den Gewerbebetrieb durch eine Gewerbeordnung noch geregelt werden sollten, und da wir allen Grund haben anzunehmen, dass nach den damals herrschenden Ansichten weder das Heimathsgesetz noch die Gewerbeordnung in wünschenswerther Weise ausgefallen sein würden, so brauchen wir, was diesen Punkt anbelangt, gerade nicht in sehr elegische Stimmung darüber zu kommen, dass die Grundrechte nicht zur Durchführung gekommen sind. Heute würden wir es wohl schon etwas besser machen. Ganz korrekt durchzuführen wäre freilich die Freizügigkeit auch heute nicht, denn die Freizügigkeit setzt eben einen einheitlichen Staat voraus. Wir können kein deutsches Reichsbürgerrecht statuiren, weil wir wohl deutsche Staaten, aber keinen deutschen Staat, kein deutsches Reich haben. Das ist zwar traurig, aber es ist wahr und vor Wahrheiten soll man die Augen nicht verschliessen. Das Einzige, was wir unter diesen Umständen erreichen können, das ist meiner Ansicht nach das: wir können in Deutschland die Freizügigkeit nur auf dem Wege der Naturalisation einführen. Ich wenigstens weiss keinen anderen Weg. Denn wenn ein jeder einzelne deutsche Staat mit der Durchführung der Freizügigkeit vorschreitet, ohne dass gleichzeitig bestimmt wird, dass nach Ablauf einer gewissen Zeit das wirthschaftliche Domizil zugleich das politische nach sich zieht, so entstehen nothwendig Konflikte zwischen den verschiedenen Staaten, weil in sehr vielen deutschen Staaten die Bestimmung gilt, dass durch die Abwesenheit während einer Reihe von Jahren das Heimathsrecht verloren wird. In diesem Falle also verliert der Wegziehende sein politisches Heimathsrecht im Geburtsstaat, ohne dasselbe in dem Staat, wo er sich niedergelassen hat, zu erwerben. Das wird nun freilich ganz gut gehen, so lang der betreffende heimathlose deutsche Bürger sich selbst in guten Verhältnissen befindet, denn dann wird höchstens der für ihn freilich ziemlich fatale Umstand eintreten, dass in Bezug auf alle Vortheile des Staates, wie z. B, die Steuerzahlung oder die Konskriptionspflicht der Kinder, zwei Staaten zugleich Ansprüche an ihn erheben. Sobald aber etwa der heimathlos Gewordene verarmt, wird keiner der beiden Staaten etwas von ihm wissen wollen, sondern sowohl der Geburtsstaat wie der Niederlassungsstaat ihn einer dem Andern zuschicken wollen, und am Ende gäbe es ja wohl Krieg. Diese an sich schon widernatürliche Zerreissung des Individuums nach seiner politischen und seiner wirthschaftlichen Seite hat jedoch auch dann noch ihre Schattenseiten, wenn die Gesetzgebung in dem betreffenden Heimathsstaat einen Verlust der Staatsangehörigkeit durch Abwesenheit *nicht* kennt, denn auch in diesem Falle ist es etwas sehr Störendes, wenn es so kommen kann, dass man in Sachsen z. B. Jahrzehnte lang wohnt und sein Geschäft betreibt, und man ist nach wie vor sammt seinen Kindern und Enkeln baierischer Unterthan. Es giebt also kein anderes Mittel, um die Freizügigkeit in Deutschland gründlich durchzuführen, als etwa in der Art, dass zwischen [266] den einzelnen deutschen Staaten entweder ein Vertrag oder ein Gesetz vereinbart wird, worin bestimmt wird, dass, wer so und so lange, seien es nun 3 oder 5 Jahre, an einem bestimmten ausländischen Orte wohnt ohne während dieser Zeit der öffentlichen Armenunterstützung anheim zu fallen, dass der dadurch eo ipso[1] auch Angehöriger des betreffenden Staates wird. Auf diesem Wege liesse sich die ganze Angelegenheit am Ende auch ganz leicht regeln, vorausgesetzt, dass auf allen Seiten Einsicht und guter Wille vorhanden ist. Ich glaube jedoch, wenn sich auch auf diese Weise allein die Sache gründlich regeln lässt, dass wir desshalb nicht darauf verzichten sollen, dass die einzelnen Staaten einstweilen schon selbständig vorwärts marschiren. Wenn es dabei auch Konflikte giebt, diese Konflikte sind recht gut, denn sie stossen die Regierungen mit der Nase auf die Nothwendigkeit, durch einen gemeinsamen Vertrag oder ein Gesetz die Sache zu erledigen. Desshalb haben wir dies auch in Artikel 4. unserer Resolution ausdrücklich gesagt. Wenn wir nun erst einmal auf diese Weise ein Heimathsrecht für unsere Heimathlosen gefunde haben, so findet sich das förmliche Staatsbürgerrecht wohl auch dazu und das Gemeindebürgerrecht am Ende auch. Das Gemeindebürgerrecht ist freilich an sich wieder ein besonderes Ding, denn die Gemeinden sind nicht blos ein politischer, sondern auch ein vermögensrechtlicher Verband. An diesem letzteren Gesichtspunkt müssen wir aber streng festhalten, wenn wir auch bei dem Kommunismus, den der Polizeistaat in unseren Gemeinden vielfach noch verschuldet, gewohnt geworden sind, dass die vermögensrechtlichen Interessen innerhalb der Gemeinden so ziemlich über einen Kamm geschoren werden. (Bleibt der Zustand auch ferner so, wie er ist, dann geben die Regierungen geradezu ein Recht darauf, dass kommunistische und sozialistische

---

[1] *gerade dadurch, von selbst (wörtlich: durch sich selbst)*

Ansprüche erhoben werden, und keine von ihnen darf sich dann darüber wundern, wenn das Proletariat zu ihr sagt: Du hinderst mich daran, mich ehrlich zu ernähren, du machst mich zum Sklaven, daraus folgt, dass du auch deinen Sklaven füttern musst. Denn das steht nun einmal für uns fest: Nur der Polizeistaat giebt Anspruch auf die Staatshilfe, nur giebt er ihn nicht blos für die Arbeiter, sondern für Alle, er konstituirt also am Ende das Recht, wonach wir Alle Einer bei dem Andern betteln gehen dürfen und das wäre am Ende die Geschichte vom seligen Münchhausen, als er sich bei seinem Zopf aus dem Schlamme zog. (Lebhafter, allgemeiner Beifall.)

Präsident Dr. *Lette*: Die Ausführungen des Herrn Vorredners veranlassen mich noch zu einigen Mittheilungen über die Gemeindeverhältnisse in Preussen. Es besteht ein Unterschied zwischen den Gemeinden in Süddeutschland und den altpreussischen Gemeinden. Die Ersteren haben fast alle Gemeindevermögen, die preussischen Gemeinden dageen — da Preussen zum grössten Theil Kolonisationsland ist — haben kein Vermögen. Aus diesem Grunde ist es denn aber, mit Rücksicht auf die Zustände in Süddeutschland, allerdings nöthig, dass die Bestimmung ausdrücklich getroffen wird, dass die Gemeindangehörigkeit nicht eine Folge der Freizügigkeit sei. Die Verheirathung ist übrigens in Preussen niemals vom Staate beschränkt worden, wohl aber haben die Gutsherren Einfluss darauf erlangt und seit dem dreissigjährigen Kriege namentlich in den östliche Provinzen ihre Polizeigewalt straff angezogen. Was endlich den Gewerbebetrieb anbelangt, so kann nach dem neuesten Gesetz vom Jahre 1861

Anhang

zwar jeder Ausländer in Preussen ein stehendes Gewerbe betreiben, und insofern besteht Freizügigkeit in Preussen, leider aber ist nun wieder bei uns durch das Gesetz von 1849 die Gewerbefreiheit beschränkt worden. Die wahre volle Freizügigkeit und Gewerbefreiheit werden wir aber nur erhalten, wenn wir ein einiges deutsches Vaterland haben.[1]

Dr. *Faucher*[2]: Wenn man ein illustres Beispiel für die wohlthätigen Folgen der Freizügigkeit haben will, so braucht man nur auf die Stadt Berlin und [267] die französische Gemeinde in der Stadt Berlin[3] zu verweisen.

---

[1] *Nämlich durch das „Gesetz über die Freizügigkeit" von 1867 für den Norddeutschen Bund, mit der Reichsgründung 1871 auf ganz Deutschland ausgedehnt. An der Vorbereitung des Gesetzes war Karl Braun maßgeblich als Berichterstatter der Kommission des Reichstags beteiligt.*

[2] *Julius Faucher (1820-1878) studierte in Berlin Philosophie. Zusammen mit John Prince-Smith gründete er schon im Vormärz den Berliner Freihandelsverein. Als die Revolutionen von 1848 ausbrachen, war er an Aufständen in Stockholm beteiligt. Nach Deutschland zurückgekehrt, wurde er 1850 Herausgeber der Berliner Abendpost, die eine fast anarchistische Linie vertrat. Das Blatt ging ein, und Faucher begab sich nach England, wo er für den freihändlerischen „Morning Star" arbeitete und sogar zeitweilig Sekretär von Richard Cobden war. Wieder in Deutschland, war er ab 1862 mit Unterbrechungen Abgeordneter im Preußischen Abgeordnetenhaus, zunächst für die Deutsche Fortschrittspartei, später für die Nationalliberalen. 1863 begründete er die Vierteljahrschrift für Volkswirthschaft und Culturgeschichte.*

[3] *Faucher spricht hier auch etwas in eigener Sache, da seine*

Im Jahre 1690 kam der erste Transport Hugenotten nach Berlin. Sie siedelten sich an auf den Brandstätten der Häuser, die im dreissigjährigen Kriege zerstört worden waren und erhielten die Vergünstigung, dass für sie keine Zunftgesetze galten, und dass sie 20 Jahre lang keine Kommunalabgaben zahlen sollten. Dagegen hatten sie aber die Verpflichtung, dass sie für ihre Armen selbst sorgen mussten. Wir haben also an dieser französischen Gemeinde ein Beispiel sowohl von Freizügigkeit als von Gewerbefreiheit, ja wir finden auch bereits in ihr die richtigen Bestimmungen über die Armenpflege. Und wie ist nun diese französische Gemeinde gediehen? Sie besteht heute noch, wenn sie auch nur etwa 4000 Köpfe zählt, denn sie wächst nicht, weil die Kinder eines französischen Mädchens, das einen deutschen Mann heirathet, aus der Gemeinde ausscheiden. Aber Arme hat diese Gemeinde fast gar nicht, wohl aber bringt sie alljährlich die Zinsen von 200,000 Thlr. und 500 Wagen Holz auf, für die Armen der anderen Gemeinden. Der Geist aber der mit dieser französischen Gemeinde in Berlin einzog, dieser Geist der Freizügigkeit, der hat Berlin gross gemacht, der gab dem preussischen Staate eine kräftige Residenz und befähigte ihn dadurch zur Führung der Kriege, welche Preussen in die Reihe der Grossmächte heraufhoben. Ich frage: giebt es noch etwas Werthvolleres als der Mensch? Auch wenn er von schwarzer Hautfarbe ist und einen Wollkopf trägt und die Zähne fletscht, ist er noch immer 2000 Thlr. werth.[1] Wer also die Frei-

---

Familie zu dieser französischen Gemeinde gehörte.

[1] *Wie sich aus dem weiteren Verlauf des Arguments ergibt, geht*

zügigkeit ausschliesst, der verhindert das freie Hinein-
strömen des allerwerthvollsten Kapitals. Und weshalb
beschränkt man denn eigentlich die Freizügigkeit?
Nicht aus Furcht vor der Konkurrenz, sondern weil
man glaubte, dass dies nützlichste und werthvollste aller
Geschöpfe nicht im Stande sein werde, sich zu ernähren. Als ob durch die Tausende von arbeitstüchtigen
und arbeitslustigen Menschen, welche in Folge der Freizügigkeit kommen, nicht so viel Kapital neu geschaffen
würde, dass auch im schlimmsten Falle der kleine Pro-
zentsatz derer mit durchgebracht werden könnte, die
etwa wirklich nicht im Stande sein sollten, ihr Brod zu
finden! In England fürchtet man sich wahrhaftig auch
vor der Nichtselbsternährung derer, welche neu zu-
ziehen, aber deshalb giebt man doch in dem ganzen
Königreiche die Bewegung der Menschen vollständig
frei und beginnt erst dann mit der Ausschliessung der
Armen, nachdem sie der Armenunterstützung anheim
gefallen sind. Wir aber schliessen die Zuzügler aus,
bevor sie noch die öffentliche Mildthätigkeit in Anspruch genommen haben. Ich will Ihnen ein Beispiel
aus dem Leben mittheilen, das Ihnen zeigen soll, welche

---

*es Faucher um die Höhe des Humankapitals, das man sich bei
Freizügigkeit ins Land holen kann. Der Preis eines Sklaven wäre
in diesem Sinne für ihn eine untere Abschätzung, wobei 2000
Taler ein Mehrfaches dessen ist, was ein Arbeiter in der Zeit im
Jahr verdienen kann. Daß Faucher hier nicht frei von Vorurteilen
ist und heutige Sensibilitäten außer Acht läßt, ist wohl offen-
sichtlich. Er sollte dabei allerdings die einhellige Meinung der
Liberalen in der Zeit geteilt haben, insbesondere auch von
Richard Cobden, die die Sklaverei verwarfen und im ameri-
kanischen Bürgerkrieg mit der Union sympathisierten.*

grauenhaften Folgen diese Unvernunft und Inhumanität unserer Heimathgesetzgebung haben kann. (Redner erzählt nun die bekannte Geschichte der Wittwe von Oels, die ihr Kind umbrachte, als dasselbe aus der Gemeinde, wo sie es in Pflege gegeben, ausgewiesen worden war.) Sehen Sie, so etwas kann in England nicht vorkommen, weil man dort erst dann den Neuangekommenen in die Heimathgemeinde zurückweist, nachdem er der Armenunterstützung verfallen. Wären wir in Deutschland auch erst so weit, dann hätten wir auch, wenigstens praktisch, die Freizügigkeit. In England geht man aber noch weiter und verpflichtet nach dem Ablauf von 5 Jahren sogar die neue Gemeinde dazu, den Neuzugezogenen im Falle der Verarmung selbst zu unterstützen. So weit geht man dagegen nicht, dass nach 5 Jahren der Neuzugezogene auch wirklicher Gemeindeangehöriger wird. Das ist aber auch gar nicht nöthig, mit diesen beiden Prinzipien reicht man schon vollständig aus. Unter ihrem Schutz bewegt sich das lebendige Kapital von Stadt zu Stadt, von Dorf zu Dorf und dadurch bildet sich die neue Gliederung der Gesellschaft, der wir entgegen gehen, ja die zum Theil schon da ist. Die Eisenbahnen sind es, die verwandeln ganz Europa und in ganz Europa die Lage und Bedeutung der einzelnen Städte. Sie organisiren ein ganzes Land, wie sich [268] früher eine einzelne Stadt organisirte. Wir finden in den alten Städten noch heute hier eine Gerberstrasse, wo alle Gerber wohnen, dort ein Färberstrasse, wo alle Färber wohnen. Nun wohl, so finden wir heute ein Sheffield, ein Birmingham, ein Leeds, ein Wolverhampton wo dieser und jener Industriezweig ganz allein im ganzen Land betrieben wird. Diese Städte sind wie die Strassen einer einzigen grossen Stadt, die durch die Eisenbahnen in Verbindung getreten sind und diese einzige grosse Stadt ist eben das ganze Land, und die kleinen Städte, die dazwischen liegen, die sind nichts, als die Wohnungen der Häuslinge, wie wir sie früher auch innerhalb der alten Städte fanden. Wie aber sind solche Veränderungen möglich, ausser wenn man es der Arbeitskraft und dem Kapital frei ermöglicht dahin zu gehen, wo sie die beste Belohnung zu finden glauben? Die Armuth wird doch sicher da am schwersten kurirt, wo sie entstanden ist. Solche Veränderungen, wie jetzt, sind wohl auch früher schon da gewesen. Ich erinnere an die rotten boroughs[1] in England, denen die Peel'sche[2] Reformakte das Wahlrecht entzogen. Ja diese ehemals bedeutenden Flecken sind verödet, weil ihnen vielleicht das Wasser mangelte; deshalb wanderten die Einwohner aus. Heutzutage wandert man aus, nicht wegen Mangels an Wasser, sondern wegen Mangels an Eisenbahnen, an Steinkohlen, und nun will noch so eine elende Armengesetzgebung kommen und zu einem Menschen sagen, der zwei gesunde Arme hat: Ich

---

[1] *In Großbritannien waren die „rotten boroughs" (verrottete Wahlbezirke) solche, die über die Zeit so an Bevölkerung verloren hatten, daß es dort fast keine Wähler mehr gab, etwa die Isle of Wight mit nur 23 Wahlberechtigten. Dennoch hatten sie genauso einen Sitz im Parlament wie manche großen, schnell wachsenden Städte. Der Mißstand wurde mit dem Reform Act von 1832 angegangen. Mit dem Reform Act von 1867 wurden die Wahlbezirke mit der Bevölkerungszahl in Einklang gebracht.*

[2] *Sir Robert Peel (1788-1850), britischer Staatsmann und Politiker, Begründer der Konservativen Partei.*

fürchte mich, dass du dich nicht ernähren könntest! Ich sage Ihnen, eine Nation, welche die Freizügigkeit verhindert, die verhindert sich selbst aus einer Raupe ein Schmetterling zu werden, eine solche Nation ist ein Narr! (Lebhafter Beifall.)

Advokat *Wachenhusen*[1] aus Boitzenburg: Ich möchte mich dahin aussprechen, dass der letzte Absatz der Position 3 und ebenso die Positionen 4 und 7 der Resolution wegfallen sollten. Ich halte es für genügend, wenn wir uns dafür aussprechen, dass es einem Jeden freistehen soll, sein Gewerbe zu treiben, wo er will. Es ist aber nicht nöthig, dass wir zugleich bestimmen, dass der Betreffende nach einer Reihe von Jahren an dem neuen Wohnorte das Heimathsrecht erwerben soll.

Präsident Dr. *Braun*: Dieser Einwand scheint mir auf einer Verwechslung des Heimathsrechtes mit dem Bürgerrecht zu beruhen. Das erste bestimmt, dass man nicht aus der Gemeinde herausgejagt werden kann, das Bürgerrecht in einer Gemeinde ist dagegen ganz unabhängig hiervon und wird nur nach dem freien Ermessen der Gemeinde dem verliehen, den sie für würdig hält. Die Erlangung des Heimathsrechtes aber müssen wir festhalten, wenn wir anders den praktischen Schwierigkeiten unserer Vielstaaterei begegnen wollen. Gerade weil die früheren Beschlüsse des Kongresses

---

[1] *Otto Wachenhusen (1820-1889) studierte Rechtswissenschaft in Leipzig, Jena und Rostock, war dann Anwalt in Boizenburg. Von 1867 bis 1871 vertrat er den Wahlkreis Mecklenburg-Schwerin 1 für die Nationalliberale Partei im Reichstag.*

diese Bedingungen des realen Lebens nicht berücksichtigt haben, dürfen wir uns jetzt nicht abermals von ihnen fernhalten.

Dr. *Rentzsch*[1]: Es kann recht wohl mit der Freizügigkeit in kleineren Kreisen der Anfang gemacht werden. Ich verweise hier auf das Beispiel von etwa 250 Ortschaften im Amtsbezirk Meissen, welche sich zu einem gemeinsamen Amtsbezirk verbunden haben, d. h. ihre Armen gemeinsam unterstützen. Diese Vereinbarung ist insofern auch der Freizügigkeit zu Gute gekommen, als die einzelnen Gemeinden nicht in jedem Falle die Armen aus einem fremden Ort an den Heimathsort zurück verweisen. Die Erfolge dieser Vereinbarung sind aber bis jetzt sehr günstig gewesen, und wenn dies Beispiel Nachahmung fände, so würden allmälig die Grundsätze einer rationellen Armenpflege und damit die Vorbedingungen der Freizügigkeit sich über ganz Deutschland verbreiten.

Es wird hierauf zur Abstimmung geschritten und der Antrag der Kommission mit grosser Mehrheit unverändert angenommen.

---

[1] *Heinrich Hermann Rentzsch (1832-1917) studierte Naturwissenschaften und Nationalökonomie in Leipzig, wurde dort Sekretär der Handels- und Gewerbekammer. Er gehörte der Zweiten Kammer des Sächsischen Landtags an. Von 1878 bis 1881 war er Mitglied des Reichstags für den Wahlkreis Sachsen 1, zunächst für die Nationalliberalen, schloß sich dann der der Liberalen Vereinigung an. 1864 erschien sein Buch „Gewerbefreiheit und Freizügigkeit" (Neuausgabe: Libera Media, 2015, http://libera-media.de).*

WEITERE BÜCHER ZUM THEMA
BEI LIBERA MEDIA

- **Karl Braun:** Studien über Freizügigkeit
- **Karl Braun:** Für Gewerbefreiheit und Freizügigkeit durch ganz Deutschland
- **Wilhelm Lette:** Freizügigkeit, das wichtigste Grundrecht der arbeitenden Klassen
- **Friedrich Bitzer:** Das Recht auf Armenunterstützung und die Freizügigkeit
- **Salomon Neumann:** Die Fabel von der jüdischen Masseneinwanderung
- **Franz von Holtzendorff:** Die Auslieferung der Verbrecher und das Asylrecht

Siehe auf unserer Website auch den Themenschwerpunkt mit weiteren Titeln:

http://libera-media.de